ちょっとしたことでうまくいく

発達障害の人が上手に暮らすための本

村上由美 著

SE
SHOEISHA

はじめに

はじめまして。言語聴覚士の村上と申します。言語聴覚士は聴覚、言語、コミュニケーション、嚥下《えんげ》（食べ物の飲み込み）に障害がある人のリハビリテーションをする医療系の国家資格です。主に発達障害や知的障害を持つ小児とご家族へ評価、指導、相談の仕事をしてきました。

実は、私自身4歳まで音声言語を話しておらず、幼少期に発達障害の1つである自閉症（今では自閉スペクトラム症：ASD）と専門家から指摘され、心理の専門家や母の療育を受けて育ちました。

その後紆余曲折を経て言語聴覚士になり、言語聴覚士養成校時代に出会ったアスペルガー症候群（ASDの1つ）の男性と一緒に暮らし始めました（今の夫です）。彼はASDに加えてADHD（注意欠陥・多動性障害）や読み書きの学習障害（LD）の傾向もあり、かつ30歳でようやくそのことに気付きました。

当事者同士でもまったくタイプが違う二人が暮らすのですから、当然さまざまな行き違いやトラブルが生じ、お互い「何でこうなるの?」と相手の脳内世界に戸惑い、時には憤慨しながらそれでも20年一緒に暮らしています（詳細は講談社刊『アスペルガーの館』に記しました）。

そこで役に立っているのは発達障害の特性についての知識と、それを日常生活で具体的に実践する工夫です。おそらく本書を手にした人の中には、「もしかして発達障害かも?」「パートナーが発達障害かもしれないけど、どう接するといいのか?」とお悩みの人もいるでしょう。

当事者、支援者、家族として日々の問題と格闘していると、「とにかくこの状態を何とかしたい!」と思うのが正直なところです。しかし、地図も持たずに闇雲に目的地へ行くよりも、必要な装備を用意してから行動したほうが結局目的地へ早く着くように、まず個々の状況がどんな特性から生じているのかを分析し、それに合った対応を積み重ねることが、問題解決への近道なのです。

以前母から、「結局発達障害と長く付き合うには愛情じゃなくてスキルなのよね」と言われたことがありました。そのスキルについてできるだけ具体的に書いてみたのがこの本です。そのまま使えなくても参考になりそうなことを盛り込みました。ぜひ、できそうなことから取り組んでみてください。

第1章 発達障害は生活障害
——発達障害と日常生活の関係

第2章 「時間管理ができない」を何とかしたい
——時間の役割を意識する

第3章 お金の悩みを解決したい

―お金のやりくりは価値観に優先順位を付けること

第4章 「片付けられない」を何とかしたい

——片付けは空間と時間、物、行動を結び付ける作業

第5章 コミュニケーションの問題を解決したい
——人間関係は究極の調整作業

Point 1
発達障害の方が日常生活で直面するさまざまな悩みの事例を紹介しています。

待ち合わせ時刻によく遅れる

対策

- 乗換案内アプリを活用する
- 移動時間込みでスケジューリングする

事例

友人と約束したコンサートに遅刻！

大好きなアーティストのチケットを何とか入手。楽しみにしていたが、当日、身支度に時間がかかり、気付いたら友人との待ち合わせ時刻が迫っていた。

慌てて家を飛び出したが、焦ったためか電車の乗換えを間違え、さらに待ち合わせ場所に行くのにも迷ってしまい、先に到着していた友人をだいぶ待たせてしまった。おまけに自分がチケットを持っていたため結局開演時間には間に合わず、コンサートの途中から会場に入ることになった。

友人は「気にしないで」と言ってくれたが、内心あまりいい気分ではないだろう。自分でも「何でいつもこうなんだろう……」と落ち込んでしまった。

原因

時間の逆算や段取りが苦手

ほとんどの人からすれば、「そんなに楽しみにしていたのにどうして遅刻するの？」と思うかもしれない。しかし、「楽しみにしていたからこそ」ということもある。

発達障害の人の特徴の1つに「落ち着きがない」といった集中力の問題がよく挙げられるが、日常生活で問題となるのは**「大事なところにうまく注意を振り分けることができない」**という点だ。

たとえば、ASD傾向が強い人は、コンサートを楽しむことで頭がいっぱいなので、当日の持ち物やルート、時刻といった現実的な段取りにまで頭が回らない。

028

Point 2
どのような原因で事例の特性が出るかを、医学的にアプローチしています。

本書の特長

Point 3
医療的なアプローチではなく、当事者が普段の暮らしに対応するために編み出したやり方を解説しています。

また、ADHD傾向が強い人の場合、身支度の際、「やっぱりかばんはこっちにしよう」と唐突に思い付いたことをやって遅刻してしまう。自分がチケットを持っているなら相手より早く現地へ到着しているほうが望ましいが、これも関心の対象が切り替わったことで、本来ならどちらが適切か比較して考える、というプロセスが抜け落ちてしまっている。

解決法　余裕を持ってスケジューリングする

乗換案内アプリで時間を調べる

最近はルート検索アプリも多彩になっていて、しかもかなり時間が正確になっている。自宅から待ち合わせ場所までのルートをあら

「Yahoo!乗換案内」アプリの検索結果をウェブカレンダーに登録する

1 ルート検索し、検索結果をタップする。

2 選択したルート下部にある「カレンダーに保存」をタップする。

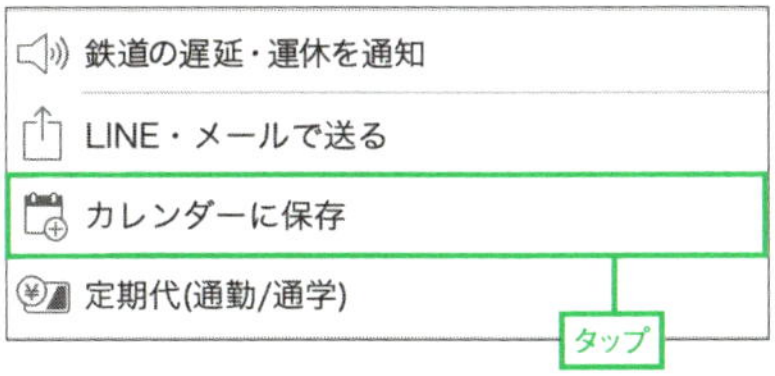

3 必要に応じて通知やメモへの追記などをし、「追加」をタップする。

029

Point 4
発達障害の当事者である著者が自ら生み出した「手前」のつまずきをなくしていくためのヒントが満載です。

発達障害の種類

本書では、ＡＤＨＤ／ＡＤＤ（注意欠陥・多動性障害）、ＡＳＤ（自閉スペクトラム症）、ＬＤ（学習障害）という代表的な発達障害に絞って対策を紹介しています。

発達障害にそれほど詳しくなくても、「ＡＤＨＤ」とか「アスペルガー症候群」といった言葉は聞いたことがあるかもしれません。最近、雑誌やテレビでも取り上げられることの多くなった言葉です。

発達障害にもいろいろな種類がありますが、「ＡＤＨＤ」や「アスペルガー症候群」というのは、その発達障害の種類の１つです。

ＡＤＨＤとＡＳＤ、ＡＳＤとＬＤなど、複数の発達障害の特徴が当てはまることもあります。この場合、医師から複数の発達障害の診断が下りる場合もあります。

発達障害の診断は難しく、専門医がさまざまな検査を行って慎重に判断するものです。発達障害の傾向があるからといって障害があると決められるものではなく、自己判断はもちろん、専門家以外の人間が見ても判断できるものではありません。

発達障害自体、まだまだ研究が進められている段階で、ＡＤＨＤやＡＳＤといった名称もこれから変化があるかもしれません。映画などで描かれることで知られることになった「アスペルガー症候群」についても、現在の診断ではＡＳＤの中に吸収されています。

それぞれの障害について、次ページで簡単に特徴を並べてみます。なお、これらの特徴は一般的なもので、実際には人それぞれで違いがあることを先にお断りしておきます。仮に全部の特徴に当てはまったとしてもその障害であるとは限りませんし、診断が出ている人でも当てはまらない特徴もあります。

ADHD/ADD
（注意欠陥・多動性障害）

特徴

注意の集中、分散およびコントロールの困難さによって気が散りやすい、あるいは注意を適切に切り替えられないのが特徴です。そのため、気が進まないことになかなか取り組めずに先延ばしする傾向があります。また、一度に注意できる範囲が少ないため、短期記憶や作業記憶（ワーキングメモリー）といった長期記憶から必要な情報を取り出す、もしくは一度に複数の作業をする際に順序などを一時的に思い出すタイプの記憶が苦手で、ケアレスミスを起こしやすいという特徴もあります。

生活面での特性

- 生活リズムが崩れやすく、規則正しい生活を自力で送ることが苦手
- 家事など、一度に複数の用事をこなすことが苦手
- 時間の期限や大事な締切りを忘れやすい（ごみ出し、税金の支払いの締切りなど）
- 片付けや掃除が苦手で、部屋が散らかっているため探し物が多い
- いいと思ったら即行動するため、衝動買いなど計画外の行動が多い
- 作業していても気になることがあると途中でも他のことを始めてしまう
- 次々と思い付いたことを話してしまい、うっかり失言してしまう

ASD
（自閉スペクトラム症）

特徴

①対人関係の障害、②コミュニケーションの障害、③限定した常同的な興味、行動および活動という3つの症状が遅くとも3歳までに認められます。そのため、言語発達に遅れが出る場合があります。
興味の幅が狭く、かつ深いため、好きなことに対してはとことんのめり込みますが、興味がない、あるいは本人にとって必要性を感じないことには無関心なことが多いです。
時間やルールといった1：1のパターン的な記憶が得意ですが、一方でルール変更が非常に困難なため、曖昧なものや尺度が苦手で、物事の結果に対しても白黒をはっきり付けようとしたがります。

生活面での特性

- 好きなものにこだわり、生活に困っても趣味などにお金を使ってしまう
- 数字だと伝わるが、暑い／寒いといった感覚的な情報だとうまく処理できない
- 計画外の予定や突然の出費に慌て、パニックになってしまう
- 完璧にこだわる一方で、思い通りにできないと突然放棄してしまう
- セールスなどの勧誘をうまく断れない
- 他の人と違う箇所に着目するため、状況を適切に認識したり他者に伝えたりできない
- 用件や状況に合わせた服装や言葉遣いが苦手（感覚過敏が理由のこともある）

LD
(学習障害)

特徴

年齢や知的発達などに比べて文字や数の読み書きや操作（文章を書く）が著しく苦手な状態です。読み書きが困難なディスレクシア（書字に限定される場合はディスグラフィア）と計算LDが代表的なものです。

ディスレクシアは、

- 文字や数字の形の区別が難しい、漢字の偏とつくりがバラバラに見える
- 音と文字を適切に結び付けて覚えられない
- 文字自体は読めるが、単語や文章になると意味を理解しづらい

といった特徴があります。

また、計算LDとして、

- 数の多少や増減関係がわかりづらい
- 位取りのルールがわからない
- 割合が理解できない

といった症状が単独あるいは組み合わさって出てきます。

生活面での特性

- 書類を読んで内容を理解したり、該当する箇所に書字をしたりすることが苦手（ディスレクシア）
- 契約書の規約文といった複雑な表現の文章だと意味を読み取れないことがある（ディスレクシア）
- メモを取ることが苦手（ディスレクシア）
- 予算を立てる、家計簿を付けるといったお金の管理が苦手（計算LD）
- とっさに計算して小銭を出すことが苦手（計算LD）
- 料理のレシピなどを見て配合を計算することが苦手（計算LD）
- 寸法を測ってそこに適切なものをどう配置するかを数字から判断することが苦手（計算LD）

DCD
(発達性協調運動障害)

特徴

先に述べた3つの障害に合併しやすく、生活面で支障が出やすい発達障害です。年齢や知的発達などに比べて協調運動（複数の動作をまとめて1つの運動をすることを指す。3歳以降の日常生活動作はほぼすべて協調運動）が著しく苦手な状態です。粗大運動だと自転車に乗る、階段を昇り降りする、微細運動だとボタンを掛ける、箸を操作するといった動作が挙げられます。

生活面での特性

- 小さなものを操作しづらい（紐を結ぶ、小銭を出し入れする、箸を操作する）
- 複数の動作を同時にできない（電話をしながらメモを取る、火加減を見ながら調理する）
- 機械の操作や乗り物の運転が苦手
- 身の回りの動作に時間がかかる（紙を折る、服を畳む、コードを束ねる、ボタンをとめる、髪を縛る、化粧をする）
- マナーの悪い人と誤解されることがある

第1章

発達障害は生活障害

発達障害と日常生活の関係

発達障害の特性は日常生活にさまざまな影響を及ぼす。ここでは発達障害についての基本的な情報を踏まえた上で、日常生活に支障が出てしまう理由や負担軽減のために活用すべきIT技術についてまとめた。

生活の悩み
―たとえばこんなこと

親元から離れて一人で暮らすようになった成人当事者たちは、どんな問題に直面するのだろうか。相談などで寄せられるもののうち、一部を挙げてみよう。

- **ごみ出しを忘れる**
- **待ち合わせや締切りに遅れる**
- **つい無駄遣いをしてしまう**
- **残高不足で銀行口座の引き落としができなかった**
- **片付けができない**
- **探し物、失くし物が多い**
- **周囲の人と話し合えない**
- **失言して相手を傷つけてしまう**

これを読んで、「あれ？　でも、これって誰でも一度は経験したことがあるのでは？」と疑問に思った人も多いだろう。実は、発達障害の人とそれ以外の人との境界は非常に曖昧で、確定診断を受けるほど特性は顕著ではないものの、発達障害で挙げられる特徴で悩む人は少なからずいる。また、普段は問題なくても、疲れていたり仕事などが多忙で細かいことに配慮できなくなったりすれば、このようなことは誰にでも発生する。つまり、**誰しもがちょっとしたことで発達障害の人たちと同じような状況になる側面を持っている**のだ。

このことから、「発達障害の人は普段から気を付ければいいのだ」という考えになったとしたら、それは発達障害のことをよく理解していない。発達障害の人には、とにかくこの手のトラブルが起きる頻度が多く、気を付けることができるならこのようなことにはならない。そもそも、ある状況や出来事に気を配ってしまうと他のことが進まなくなってしまう。むしろ大半の人がパニックになっている、あるいは喜怒哀楽問わず興奮状態のような状況が発達障害の人たちのデフォルトと考えてみたほうがいいのかもしれない。

医学的には発達障害は大半の人と脳の使い方が違うことで生じていると考えられており、それを裏付けるデータもだんだんそろってきている。当事者の話も以前よりは広まってきており、発達障害の人が日常生活でさまざまな工夫をして暮らしていることも報じられるようになってきた。

そうはいっても外見からは区別が付かないし、生まれたときからそのような状況だから他の人と脳の使い方が違うことにも自分ではなかなか気が付かない。筆者は、幼少期に話し始めるのが遅かったので、母親が「この子は他の子とどうも違う」と察知し、早期療育を始めた（このあたりのことは『アスペルガーの館』（講談社）にまとめたので参照してほしい）が、それでも生活スキルを身に付けるのにはかなり苦労した。正直、今でも試行錯誤の真っ只中だ。

本書では、進学あるいは就職などで親元を離れたらどのような生活スキルを身に付けるとよいのかをまとめた。発達障害の人はもちろん、「もしかしたら自分も？」と悩んでいる人、発達障害の人が身近にいてどう接するといいか悩んでいる人、発達障害ではないが生活スキルについて考えたい人にとって参考になれば幸いである。

一人暮らしの発達障害の人たちによく見られる悩み

ゴミの日
火
ごみ出しを忘れる
待ち合わせや締切りに遅れる
つい無駄遣いをしてしまう
残高不足
残高不足で銀行口座の引き落としができなかった
片付けができない
探し物、失くし物が多い
周囲の人と話し合えない
失言して相手を傷つけてしまう

三次元は面倒くさい
―段取りや設定の必要性

誰しもが思い浮かべたことがすぐに実現すればいいなと思ったことはあるだろう。しかし、実生活の中で思い通りに物事が進むのは、よほど運のいいときだけだ。大半の場合は、

- 場所の制約（距離が遠い、交通手段の確保）
- 時間の制約（スケジュールの都合）
- 設定の制約（これらの手段をやりくりして段取りを組む）
- コミュニケーションの制約（段取りを調整して他人と協力する）
- 金銭の制約（実現のための費用や生活費などを捻出する）

のどれか、あるいは複数の要因によって実現が阻害される。よく考えてみれば、これらは三次元空間ならではの制約だ。そして、あとの項目になるほど人間社会だからこそ生じる制約であることに気付かされる。

現代社会で当たり前と思っているルールなども、より多くの人が快適に暮らすために長い年月をかけて試行錯誤して作り上げてきたものだ。筆者は、言語聴覚士という仕事柄、言語発達に遅れがある子どもたちと接する機会が多いが、彼らに共通するのは、言語習得の遅れから、人間社会の約束事を理解することに困難を伴うことだ。それを「社会性の障害」と多くの人は認識するのだろうが、見方を変えればルールや言語というのは恣意性が高い（悪くいえば、それを設定した人たちが自分の都合のいいように作った）ものだといえるだろう。

一方、脳内の世界は、時空も金銭やコミュニケーションも設定自由な、いわば宇宙空間のような世界だ。そこでは、人は思い通りに願いがかなない、三次元空間とはまるで違う「理想の自分」がいるだろう。よく2、3歳児が大人の介入を嫌がって「自分でやる」と外から見ると到底できそうにないことをやりたがるが、彼らにとっては脳内世界がむしろ現実で三次元空間のほうが幻想だからだ。

ある意味、発達障害もしくはその傾向が強い人の場合、宇宙空間のような脳内世界のほうが三次元空間よりも暮らしやすいのかもし

れない。三次元空間の暮らしは制約だらけで、面倒くさくて生きづらい世の中と映っている可能性も高いだろう。そうはいっても肉体が三次元空間にある以上、ある程度他人と協力して生き延びるための対策は必要だ。

筆者は、かねてより発達障害者の自立の鍵は**「時間、物、お金の管理ができること」**と考えていたが、今後はそれに加えて**「他人と協力できる場を持てること」「生き延びるための体力」**が必要だとも思い始めている。

今の社会はかつてないほどのスピードで変化しており、今までの尺度や考えからシフトし始めている。その変化をどう自分にとって快適にしていくかは、自分の脳内世界と三次元空間を隔てているものを認識し、それらがどんな役割を果たしているかを見極めることだろう。

日常生活を阻害する5つの要因

場所の制約

時間の制約

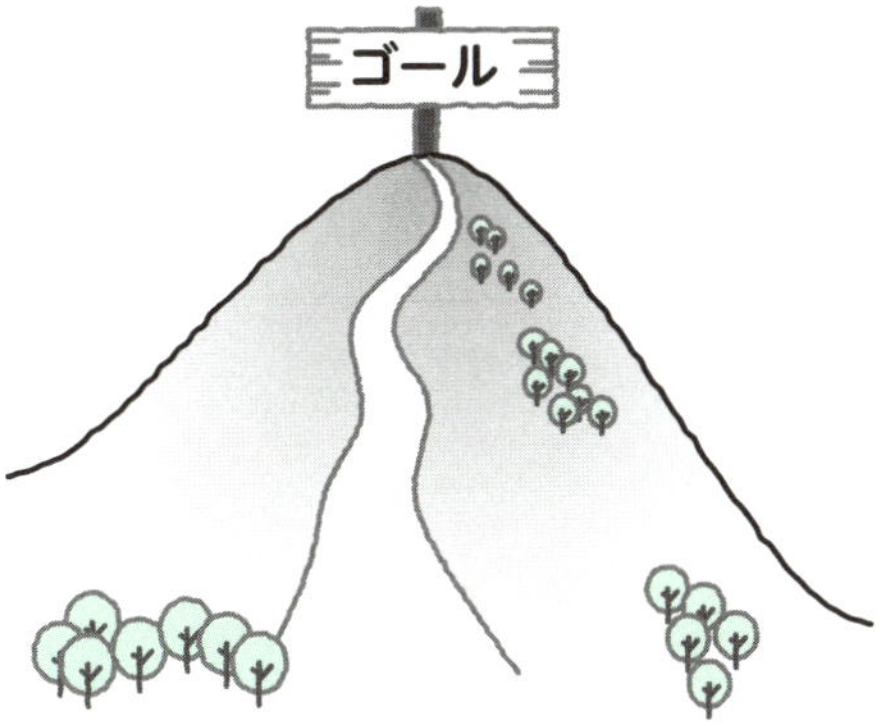

設定の制約

金銭の制約

コミュニケーションの制約

仕事との類似点・相違点

暮らしの中の工夫についてあちこちで話をしたり原稿を書いたりしていると、「村上さんがしている工夫は仕事の打ち合わせや職場環境作りに似ていますね」と指摘されることがある。

確かに生活スキルの多くは仕事での段取りなどに共通することが多く、特に、

- スケジュールとタスクを共有する
- 連絡を取り合う
- 家計簿を付け、予算を決め、それに基づいてお金を動かす
- 物のしまい場所を決めて片付け、掃除する

などはいわゆる総務や経理の業務と共通点が多い。とはいえ、生活に関することは労働よりも明らかに「簡単に自分の意志だけではやめられない」「利益を第一にはできない」という特徴がある。

「仕事もそうだよ」という意見もあるかもしれないが、たとえば、家事を外注したらそれなりの金額になるし、代々続く家に生まれた場合、その家のしきたりなどから自由になるのは相当大変だ。言い換えれば金額に換算できないものが多く、**利益といった客観的な指標がない分、揉め事が起きたときに対応が難しくなる。**

仕事においては、総務や経理といったバックオフィス業務を効率化するクラウドサービスを利用したり、通販サイトで会社の備品も購入したりできるようになったが、商品注文や補充、書類内容の確認といった雑務をする人は必要で、家事になるとさらにこの手の雑務の比重が増す。

また、仕事は給与や相手とのやりとりなどからプラスのエネルギーをもらえるが、家事は主にあと始末やケアが中心で、「できて当たり前」となりがちな上に消耗する行為が多い。おまけに家事はやり出すときりがないし、切り上げる基準も自分で決めないといけない。

必要最低限の生活スキルを高める

毎日暮らしていれば、ホコリは

落ち、ごみや洗濯物はたまり、お腹は空くし、体も汚れ、トイレに行きたくなる。つまり、生活スキルは、より生物として地球で暮らすために必要な側面を担っているといえよう。そして、**仕事のスキルを上げて働き続けるためにも生活スキルと体力は軽視できない**。

一方で生活スキルを必要以上に高めようとすると、それは継続不可能になる。**必要最低限のラインを認識した上で、いかにそれを維持し、できたらより快適かつラクに暮らせるかを考えるとよい**し、それが世間の基準と多少ズレていても必要以上に劣等感や罪悪感を覚えないほうがよいだろう。

まず取り組むべきは、下図にあるような事柄だ。これを見て、何が問題だかよくわからない人、改善したいと考えている人は本書で述べていることを参考に見直してみよう。

日常生活で優先させたいこと

ごみはためないで定期的に出す
次の行動へ移れるように片付け、掃除、洗濯をする
毎日、お風呂かシャワーで体をきれいにする
栄
養
栄養バランスが取れた食事を心がける
チャリーン
少しずつ貯金する
zzz
睡眠を確保する
生活リズムを意識して過ごす

自立へのキーポイント

自立するというと、「誰にも頼らずに、自分で何でもできること」と考えがちだが、その定義に厳密に従えば自給自足で暮らさなければいけなくなる。

しかし、今の世の中で自立できている人はほとんどいない。一人暮らしをしていても、電気、ガス、水道に頼り、物品を購入しているし、労働して金銭を得ている。普段意識しないと見えない部分も含めて、人は他人に依存して生きている。人間がこれだけ地球上のあらゆる場所で暮らせるのは、他の人と協力して巧みに自然を自分たちに有利な仕組みに変えているからだ。

筆者は、自立する力というのは「他人と適度につながれる力であり、困ったときには他人の援助を受け入れ、かつ不当な介入に対して『それはやめてほしい』と適切に拒否したり、交渉したりする自由を持てるだけの力もあること」だと考えている。

以前ある講演会で、「なぜあなたは自立を目指したのですか？」という質問を受けたことがある。このとき、『放っておいてください』と言える自由を得たかったからです」と答えたらとても驚かれたが、親元を出たいという動機の中に自分のペースで暮らしたい、という思惑は誰しもあるだろう。しかし、同時に困ったときに第三者に助けを求められることも実はとても重要だ。

「自己責任」という考えが蔓延した結果として、できない自分を認める、弱い面を相手に上手に伝えて協力し合うということより、「そんなやつはダメだ！」と非難する、「お客様は神様だから、お金さえ出せば何をしてもいい」という他者否定や過度な依存という状況に陥っているとしたら、とても残念なことだ。

おおまかで構わないので、自分の好みをある程度反映させたいと思う（つまり自由な面をできるだけ残したい）のなら、相手が受け入れるかどうかは別として、**自分がしてほしいこと、好きなこと、嫌なことを三次元世界でわかる形で伝える対応を普段の生活で心がける**ことも大切だろう。

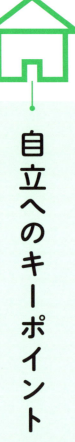

時間、物、お金の管理＋それを支えるコミュニケーション

筆者はライフスキルや時間、物、金銭、コミュニケーションは**三次元の世界で生きるための接着剤**のようなものだと考えている。大半の人がテレパシーや念力、透視能力といったものが使えない以上、これらを介さないと、この世界の人や物とはつながれない。

接着剤と一口にいっても、この接着剤は人によってくっつきやすい素材（人とつながりやすいのか？　物とつながりやすいのか？）や、くっつき方（シールのようなのか？　のりのようなのか？）、くっつく強度（くっついてもすぐ離れられるか？　一度くっついたらなかなか離れられないか？）に人の数だけバリエーションがある。

それが今の時世と合っていれば特に支障なく暮らせるが、合っていないと生きづらさを感じることになる。

筆者がASD当事者として社会の中で働きながら暮らしてみて感じるのは、定型発達者（いわゆる「普通の人」「健常者」）の考え方に完全に合わせる必要はないが、三次元の世界に暮らしていくには定型発達者の文化を知る必要がある、ということだ。ある意味、第一言語以外の国や、なじみがない場所や文化で暮らしていくような感覚と思えば近いだろう。要はバイリンガルにならなくても、その文化圏で生計を立てて暮らせればいい、と考えてみれば、よりポイントが明確になると思う。

Column

暮らしを支える体力を付けよう

成人発達障害当事者同士でよく話題になるのが、日常の生活スキルと同時に「体力を付けたい」「もう少し体調の波が穏やかになるといい」ということだ。

最近少しずつ知られてきたが、発達障害の人の中には感覚過敏といって日常生活に支障をきたすほど光や音、気温や気圧の変化などを察知してしまうことがある。一方で感覚過敏とは反対の感覚鈍麻（感覚過鈍ともいう）の傾向が強い人もいて、体調悪化に気付くのが遅れてしまって重症化することもある。

いずれにしても状況の変化を適度な形に調整して必要な刺激を受け入れ、不要な刺激は受け流すことが大切だ。これも当事者間で話題になるが、体調がよいときは多少調整できるし、体力を付けるとだんだん改善してくることが多いため、少しずつ日常生活の中に運動習慣を取り入れていこう。

パソコン、スマートフォン、インターネットは発達障害者の三種の神器

インターネットが普及するにつれ、それまでとは違うコミュニケーション手段が発達し、仕事の手順や働き方も変わってきた。たとえば経理作業は、以前は手書きの帳簿に記載していたが、表計算ソフトや会計ソフトが出てきたことで格段に作業が効率化した。

ＡＤＨＤのようなケアレスミスを起こしやすい人が手書きで経理をしたらとても大変だっただろうが、パソコンでの作業が一般化したことで、それまでなら困難だったであろう経理という職業へ選択の幅が広がったといえる。

同様にワープロソフトが出てきたことで手書きが苦手だった人でも長文を書けるようになったし、それまではプリントアウトして郵送などでやりとりしていた原稿もＥメールの出現によって、大量のデータをその場で先方へ送ることができる。今後は音声入力や読み上げ機能の向上で文字の出入力も変わるだろうから、視覚障害者やＬＤの症状から読み書きに支障がある人の学習の幅ももっと広がってくる可能性が高い。

また、最近はスマートフォンやタブレット端末もどんどん性能がよくなったことで、電子書籍といった情報配信サービスをより手軽に楽しめる環境が整ってきた。わざわざ店まで行かなくてもデータをダウンロードして端末で読めるし、場所も取らないから片付けの心配もいらない。クリッピング機能などを使えばお店で該当するものを探すのも便利だ。

こうやって考えてみると、**社会の仕組みが発達障害の人たちが苦手とする三次元の世界から仮想空間の世界へとシフトしてきている**ことがわかるだろう。実態のない世界がだんだん私たちの生活の中で幅を利かせてきており、さらに人工知能といった新しい技術が導入されることで、労働や学習といった今まで多くの人が渋々やっていたようなことも形態が変化していって、自分が好きなことを追求したほうが暮らしやすくなるのかもしれない。そうなったら発達障害のような人たちにはとても有利な状況になる可能性もあるだろう。

つまり、これらの情報機器をど

う活用して生活の質を上げていけるかで収入などにも影響が出てくるといえる。そして、大事なのは、**それらを通して何をしたいか、どんなことを楽しみたいかをイメージできるかどうか**だ。

一方で、実感を伴う生活スキルを身に付けづらくなってきた。筆者はずっと小児関係の現場で働いているが、子どもたちの文字や数字の習得などは早くなっている一方で、体を動かす経験や遊びなどを通して身に付ける感覚を育てる機会が減ってきているのを感じている。

そして、ネットでは欲望などをくすぐる情報があふれ、目に見えないサービスに知らぬ間にお金を払っていることも増えた。自分の欲望や無意識を利用しようと近付いてくる見えない相手とどう向き合い、うまく付き合えるかが、これからは必要なスキルといえる。

三次元の世界から仮想空間へとシフト

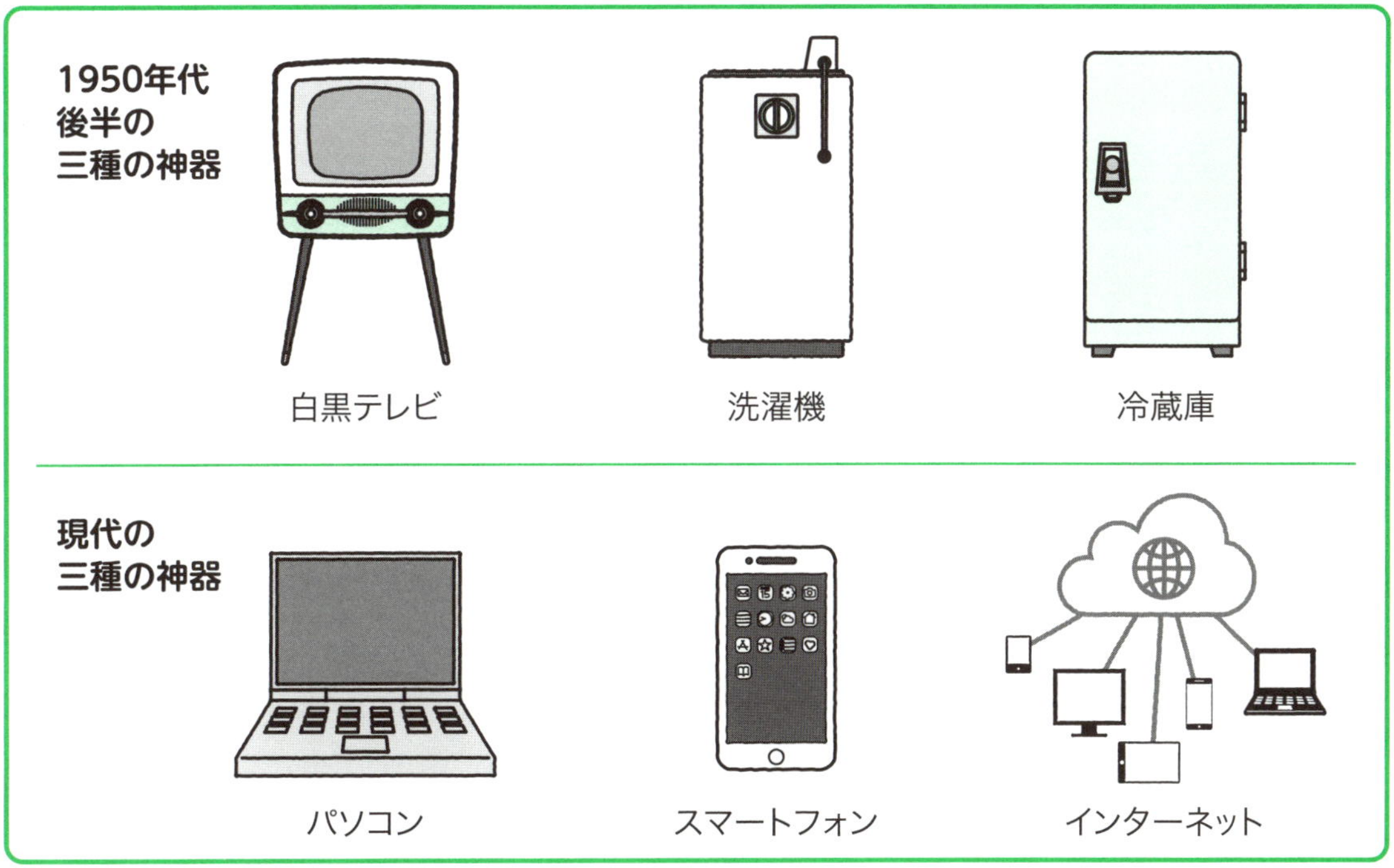

社会の仕組みが発達障害の人たちが得意な形態に変化している

ライフスキルとは？

ライフスキル（生活スキル）という言葉は、教育や福祉になじみのない人ははじめて聞く言葉だろう。WHOが1998年に定めたライフスキルの目的とは、「個人の人権を擁護し、健康問題と社会問題を積極的に予防することによって幸福な生活を営む点にある」とされている。わかりづらいかもしれないが、要は**「成人後、社会で自立して生活するために必要な能力」**ということだ。こういわれると少しはイメージしやすいだろう。

しかし、よく考えてみれば社会で自立した生活を送るために必要な能力は時代とともに変化している。特に、この20年ほどではインターネットに関するスキルは一気に需要が増した。また、地方に住んでいる人ほど、この20年ほどで公共交通機関が減って自分で車を運転できる能力が不可欠なことを実感しているはずだ。

一方で共働き世帯が当たり前になるにつれて、昔ほど家事に手間暇をかける時代ではなくなり、いかに効率よく家事をして他のことに時間を使えるかが大切になってきた。ボランティアで担っている自治会やPTAなども、それまでの担い手だった専業主婦や高齢者が働くようになったことで、どう負担を減らしてより多くの人に分担するかが問題になっているのも社会の変化の現れだろう。

だとしたら、ライフスキルは私たちが想像している以上に暮らしの中で大きな役割を果たしており、非常に曖昧でかつ社会の変化に対応できる柔軟性も求められるものだといえよう。

発達障害の人たちにとって難しいのはこの曖昧さであり、その背景にはここまで述べてきたような三次元空間での適応能力の低さも関わっている。そのため、基本的な生活スキルは、①人とさまざまな形でつながる、②脳内のイメージと三次元の世界をつなげる、③三次元の社会で生計を立てる手段と言い換えてもいいだろう。

ハードスキルとソフトスキル

『発達障害の子どもたちのための

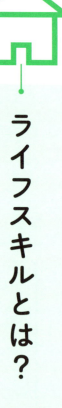

お仕事図鑑』（梅永雄二・スマートキッズ療育チーム著・監修、唯学書房）によると、就労に必要な技術として、履歴書などに書く学歴や職歴、資格といった仕事そのものに必要な技術であるハードスキルと、職場で働き続けるために必要な能力であるソフトスキル（毎日遅刻せず通勤できる、職場に合った服装や言葉遣いをする）に大きく分けられる。そして、発達障害の人たちが就労継続が困難だった理由のほとんどはソフトスキルだったとしている。

つまり職業上必要な技術を持っていたとしても、それを活かすためにはソフトスキルもある程度必要ということだ。確かに「締切りを守れない」「必要な書類などを出せない」といったことが続けば、仕事に対して信頼性が低下し、だんだん仕事を任せてもらえなくなるだろう。

さらに、近年ではソフトスキル

ソフトスキルを支えるものがライフスキル

ハードスキル
学歴
職歴
資格
ソフトスキル
8:45
毎日遅刻せず通勤できる
職場に合った服装
お疲れさまでした
お世話になっております
職場に合った言葉遣い
ソフトスキルを支えるものとして
ライフスキル
早起きをする
服を買うお金を用意する
服を洗濯する

を支えるものとして**ライフスキル**が注目されている。たとえば、会社に遅刻せずに通勤するためには決められた時刻に起きて身支度をしないといけないし、職場に合った服装をするためには服を買う、そのためのお金を用意する、服が汚れたら洗っておくといった対応が必要だ。

　このように考えていくと、発達障害＝生活障害という視点を持つことの意味がわかってくるだろう。大半の人たちが日常生活の中で「何となく」「自然と」身に付けていく感覚的な三次元の座標軸のようなものが発達障害の人たちにはなかなかわからず、まるで宇宙を浮遊しているかの如く時間や空間の感覚がわからなくなったり、周囲の状況を気にせず振る舞ったりしてしまう。

　叱責されたりトラブルが起きて「あれ？　今どこにいるのだろう？」「これでいいのだろうか？」と感覚的なレベルで右往左往してあちこちにぶつかってはじめて状況を認識することも多いのだ。

　ライフスキルを身に付ける意味は、身に付けにくかった、あるいは気付きにくかった人間社会の仕組みを認識し、パターン化して自分に合った形で取り入れていくことだ。社会の仕組みに縛られすぎたら過剰適応になって心身のバランスを崩すし、軽視したら社会との接点がなくなってこちらも不適応という結果になる。

　中には、「そんなの、幼い頃からやらなきゃダメじゃないか」と絶望する人もいるだろう。確かに子どものうちからトレーニングしたほうが有利ではあるし、時間もかけられる。間違いを積み重ねていないし、叱責やトラブルの経験も少ない分、修正なども早くできる。

　しかし、筆者が夫と暮らしてみて感じるのは、**その気になったときこそ実は一番いいタイミング**ということだ。子どもたちに言葉だけで感覚的な事柄を伝えるのは簡単なようで難しい。大人だからこそ言葉だけで「こういうことかな？」とやってみることができるし、できたかどうかを数字などの尺度で確認できる。

　また、子どもにとっては、その先のより大きな快楽を得るために目の前の不愉快なことに取り組む、もしくは小さな快楽を我慢するのは大人以上に負担を感じる。筆者は、発達障害の症状を抱える夫と一緒に暮らす中であれこれ試行錯誤しているが、おそらく言葉で確認し合える大人同士だからこそ話が進んだ面も多かった。

　始めるのに遅すぎることはない。本書を開いてみたのも何かの縁だと思って興味ある項目から読んでもらえれば幸いだ。

第2章

「時間管理ができない」を何とかしたい

時間の役割を意識する

時間は一方向に流れていく目には見えないベルトコンベアーだ。発達障害の特性が強い人は、時間の流れを自分の感覚や行動に結び付けることが苦手なため、時間の特徴を理解した上で、行動に落とし込む対策が必要である。

待ち合わせ時刻によく遅れる

対策
- 乗換案内アプリを活用する
- 移動時間込みでスケジューリングする

事例　友人と約束したコンサートに遅刻！

大好きなアーティストのチケットを何とか入手。楽しみにしていたが、当日、身支度に時間がかかり、気付いたら友人との待ち合わせ時刻が迫っていた。

慌てて家を飛び出したが、焦ったためか電車の乗換えを間違え、さらに待ち合わせ場所に行くのにも迷ってしまい、先に到着していた友人をだいぶ待たせてしまった。おまけに自分がチケットを持っていたため結局開演時間には間に合わず、コンサートの途中から会場に入ることになった。

友人は「気にしないで」と言ってくれたが、内心あまりいい気分ではないだろう。自分でも「何でいつもこうなんだろう……」と落ち込んでしまった。

原因　時間の逆算や段取りが苦手

ほとんどの人からすれば、「そんなに楽しみにしていたのにどうして遅刻するの？」と思うかもしれない。しかし、「楽しみにしていたからこそ」ということもある。

発達障害の人の特徴の1つに「落ち着きがない」といった集中力の問題がよく挙げられるが、日常生活で問題となるのは**「大事なところにうまく注意を振り分けることができない」**という点だ。

たとえば、ASD傾向が強い人は、コンサートを楽しむことで頭がいっぱいなので、当日の持ち物やルート、時刻といった現実的な段取りにまで頭が回らない。

また、ADHD傾向が強い人の場合、身支度の際、「やっぱりかばんはこっちにしよう」と唐突に思い付いたことをやって遅刻してしまう。自分がチケットを持っているなら相手より早く現地へ到着しているほうが望ましいが、これも関心の対象が切り替わったことで、本来ならどちらが適切か比較して考える、というプロセスが抜け落ちてしまっている。

解決法 余裕を持ってスケジューリングする

乗換案内アプリで時間を調べる

最近はルート検索アプリも多彩になっていて、しかもかなり時間が正確になっている。自宅から待ち合わせ場所までのルートをあら

「Yahoo!乗換案内」アプリの検索結果をウェブカレンダーに登録する

1 ルート検索し、検索結果をタップする。

2 選択したルート下部にある「カレンダーに保存」をタップする。

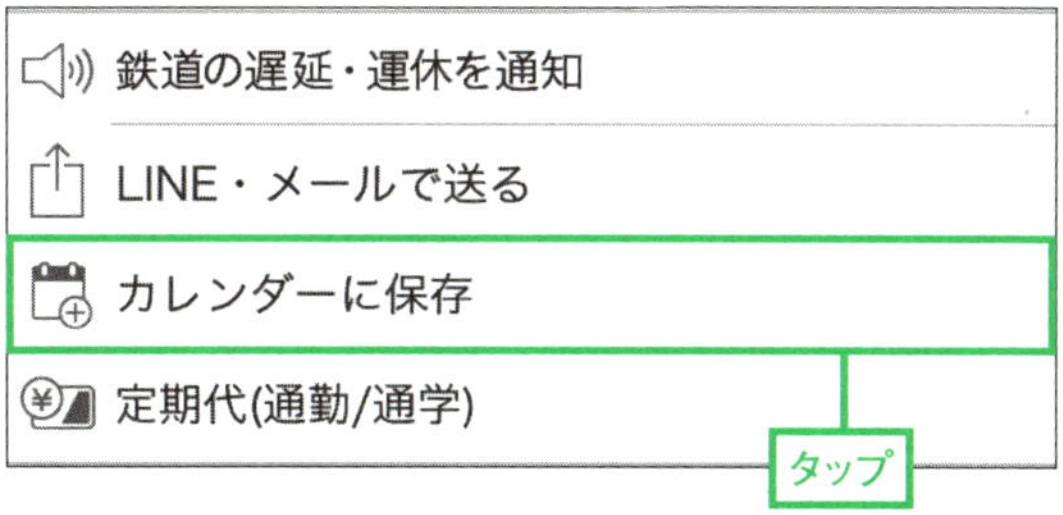

3 必要に応じて通知やメモへの追記などをし、「追加」をタップする。

かじめ調べて登録しておけばメールやアプリで知らせてくれる。ウェブカレンダーに乗換案内を登録する機能（前ページ参照）はたいていの乗換案内アプリには付いているし、メッセージアプリに送ることも可能だ。また、**外出する時刻の20～30分前に出かける時間をアラート設定しておく**と、「そろそろ忘れ物がないか確認しよう」「出かける前にトイレに行っておこう」と準備する時間も確保できる。設定の仕方は、次ページの通り。

逆にいえばアラートが出るまでに最低限の支度（外出時の服装に着替える、髪型などを整えるなど）をしておけば余裕を持って出発できるし、それまでは他の用事（家事など）をする時間に充てられる。

移動時間込みでスケジュールを入れる習慣を

時間に遅れがちな人は、「このくらいだろう」という見積もりの根拠が「一番スムーズにいったときの時間」に基づいていることが多い。しかし、現実は信号待ちや列車の緊急停止、乗換えやトイレの待ち時間といった細かい時間のロスが必ず含まれる。1つひとつは些末なことでも、積み重なると5～10分くらいにはなってしまう。

自分の感覚と現実の時間の流れが食い違っていること、時間の区切りや逆算などの苦手なことは機械に担当してもらうことを前提にスケジュールを組み、「もう少し○○できるかも」と思っても「いや、友達と待ち合わせているから」と**優先事項を意識する**。これを繰り返すと次第に時間を守ることができるようになる。

忘れることを意識する

予定とアラートを入れておくのは、他のことをしていても必要なときに思い出せるという不安解消にもつながる。何かに気を取られてしまうのは、実は忘れることや記憶の消去が苦手という側面がある（特にASD傾向が強いと現れやすい）。

一見よいことのようだが、人間の記憶量には限界があり、覚える必要がないことにいつまでも気を取られてしまうと新たな状況への対応が難しくなる。また、記憶の消去が苦手だと不快な記憶にとらわれてしまい、次のステップへ進めないこともある。

注意を切り替えることが苦手なことの裏側には、「忘れたらどうしよう？」という不安な気持ちが隠れていることもある。ある程度準備して「ここまで用意したから大丈夫」と自分を安心させるつもりで取り組んでみよう。

アラート設定のやり方

1 アラート設定したい予定をクリックする。

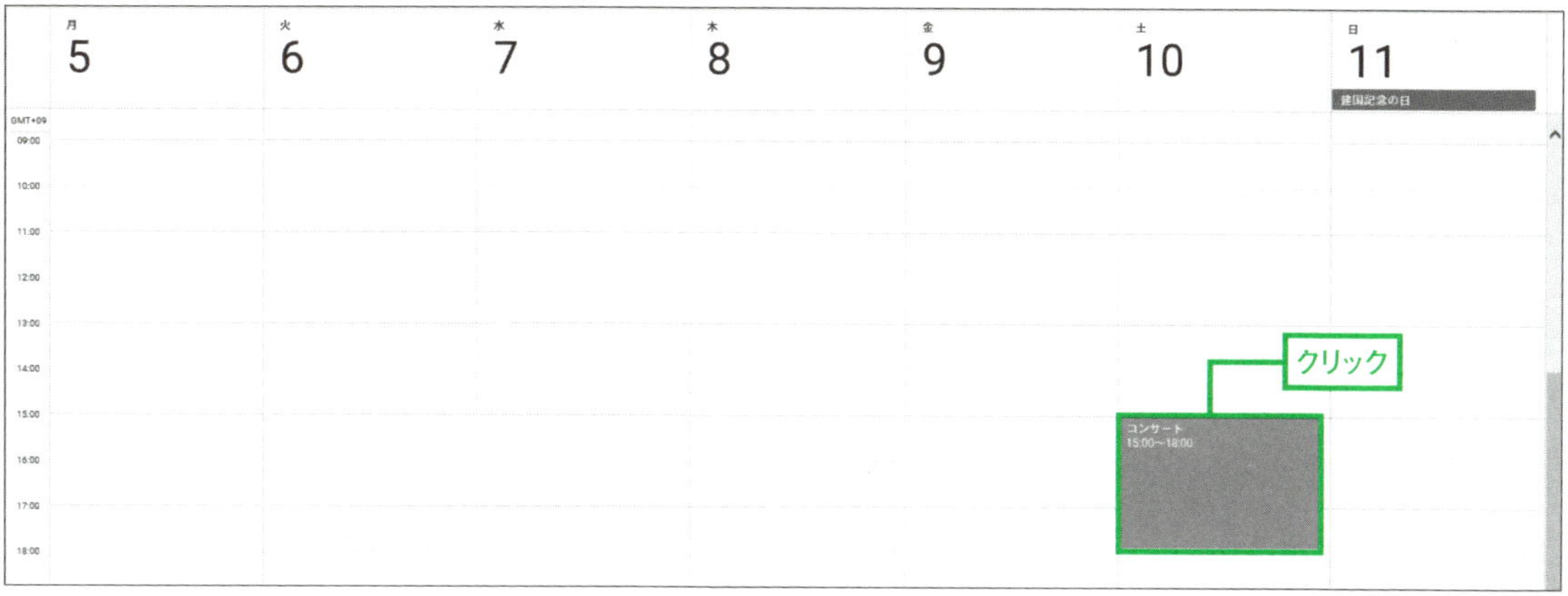

2 「編集」をクリックする。

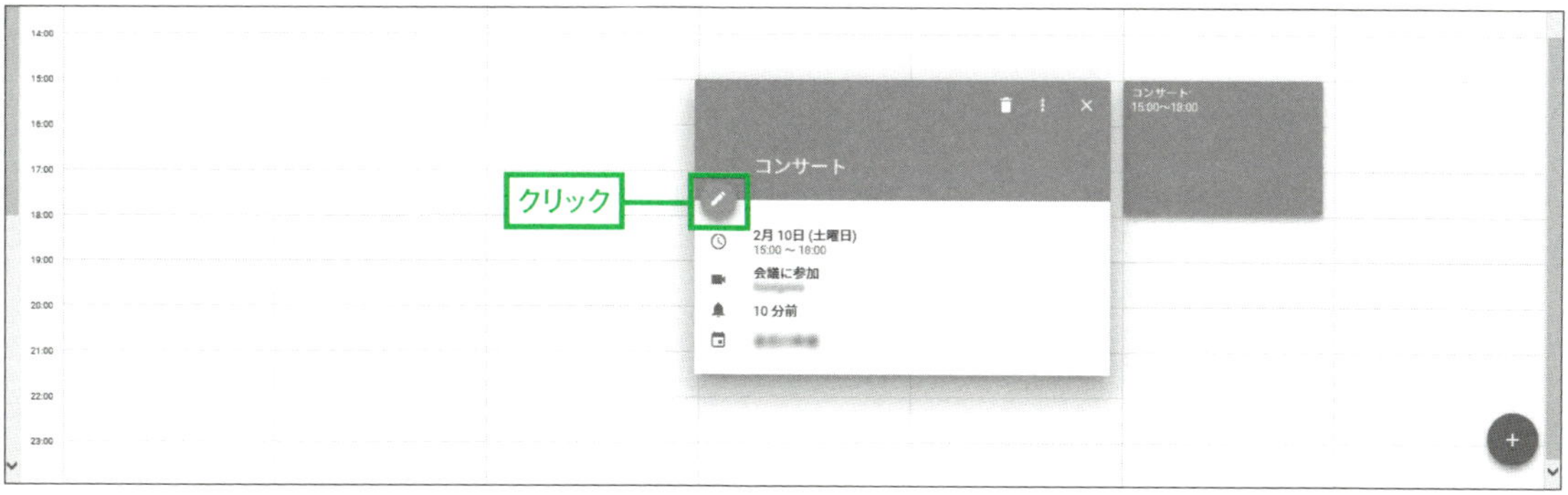

3 外出する時刻の20〜30分前にアラート設定し(❶)、「メール」または「通知」のいずれかの通知方法を選択する(❷)。

4 アラート設定した時刻になると通知される。

時間のやりくりがうまくできない

対策

- 段取りを1つのセットにまとめる
- やらなくてもよいことがないか考える
- 自分用年間予定表を作る

事例 やることが多すぎて計画通りに事が運ばない

明日は久しぶりの休日だから、午前中家事をしてから最近近所にできたカフェで食事をして、映画を見て帰りにスーパーで買い物をしようと思った金曜日。

しかし、普段よりものんびり起きて遅い朝食を取りながらテレビを見たり、友人とSNSで「今度飲み会しよう！」と盛り上がったりしているうちにお昼前になり、大慌てで洗濯機を回して掃除機をかけたが、その頃にはランチタイムが終わる時間帯になってしまった。

朝食が遅かったのでカフェでの食事は諦めて外に出たが、見たかった映画も上映時間がうまく合わず、不完全燃焼な気分のままスーパーで慌ただしく買い物をして帰宅すると、洗濯機の中にはうっかり干し忘れた洗濯物が。「結局、昨日計画した通りにはできなかった……」とため息をつきながら洗濯物を洗い直して干し、買ってきたものをしまったらぐったりしてしまった。いったい他の人はどうやって時間をやりくりしているのだろう。

原因 締切りを設けなかったり、やることの優先順位が曖昧

発達障害の中でもADHD傾向が強い人は**予定を詰め込みがち**なことが多く、「これ行きたい（やりたい）！」と思うと、時間に多少無理があっても「何とかなる」と予定を入れてしまいがちだ。

一方、ASD傾向が強い人は

自分がやりたいことを真っ先に入れ、なおかつそれを遂行することにこだわりがちである。中には、「○曜日の△時には×をする」というスケジュールが予定通りにならないと不安になったり、騒ぎたくなったりする衝動に駆られることもある。

いずれの場合も、頭の中では「明日は映画を見よう」「家事をしよう」と考えるのだが、その計画を遂行する機能がうまく働かないことが発達障害の人は多く、「結局今日も何もできなかった」という気持ちばかりが残ってしまう。

時間感覚が曖昧なこと、別の気になることができるとたちまちそちらに注意が移ってしまうことも理由として挙げられる。前日に計画したことを実行するための起床時間や家を出る時間を明確に設定していなかったため、朝になったらすぐに行動に移したほうがよいことよりも目の前のスマホやテレビの刺激に注意がいってしまう。**気になったことをいったん脇に置くことが苦手**なのも日常生活では支障になりやすい特性だ。テレビを見るのが休日の朝の習慣であっても、テレビを見ていると映画の時間には間に合わなくなるので見るのはやめておこう、などと相対的な優先順位を付けて考えることが重要だ。

Column

付箋、シール、マスキングテープはこう使う

最近、文房具屋へ行くと手帳と一緒に使う付箋、シール、マスキングテープ（マステ）が充実している。いろいろあって目移りしそうになるが、買ってもうまく使いこなせない。

紙ものは片付けや整理の際に文字を読まないといけないため、分類作業に時間がかかる。このとき、シールや付箋を活用するとそれが改善されるので、内容を分類する目的で活用する。ただし、この手のものは貼りすぎると混乱することもあるため、3〜4種類ほどをアクセントとして使うのがよいだろう。

たとえば、おおまかに仕事とプライベートに分け、手帳やメモ、ファイルなどに貼っていくと見分けやすい。シールをウェブカレンダーの色とそろえれば、すぐに「この週は仕事の予定が多い」と視覚的にもわかりやすい。

マステは月が変わるページの上に貼ってインデックス代わりにしたり、日をまたぐ予定（月末月初の作業や泊まりがけの出張など）に幅の細いマステを貼っておく、という使い方ができる。付箋やマステは貼り直せるから仮の予定のときは付箋やテープに書いて、本決まりになったら付箋を取って用紙に書く、という使い方もできる。何度かやりとりが必要な用事は付箋に書いておくと、先方の返事待ちの際に分けておけば自分のタスクと区別が付きやすい。

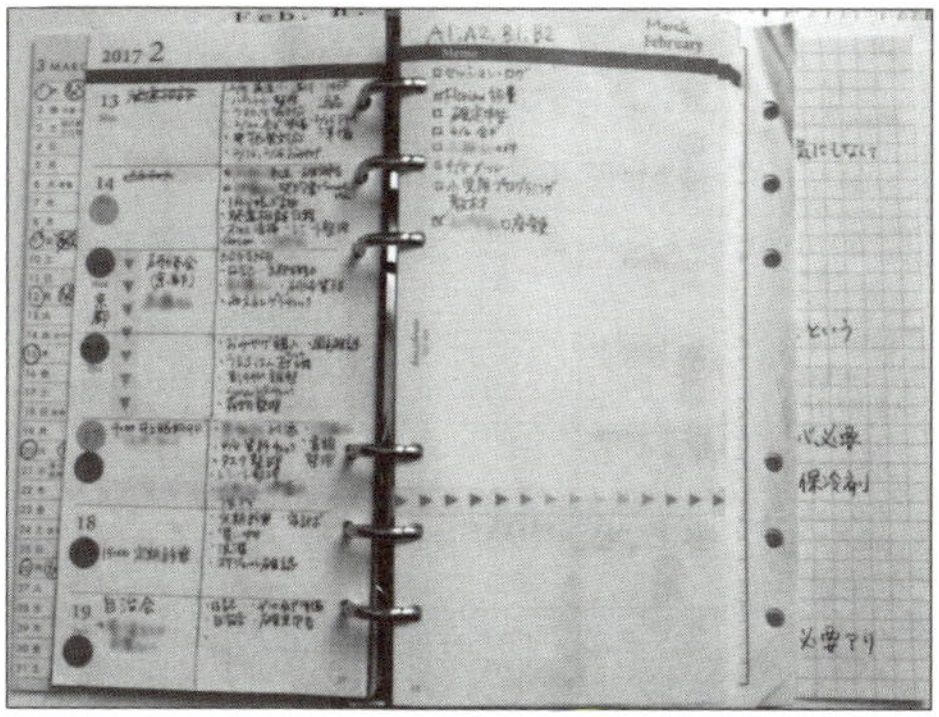

解決法 「やることセット」を作る

働いているのなら、休日には普段ではできない家事や休養を優先させたほうが翌週以降ストレスなく仕事や日常生活を送ることができるので、そのことを前提にして計画を立てたほうがよい。

たとえば、

- 2日間休みならどちらかの日に外出する予定をまとめる
- 外出時刻までにできる家事を区切りのよい段階までやる
- 見たいテレビ番組は録画しておいて夜に時間があるときに見る

というルールを定めよう。

事例の場合、映画といった上映時間や場所が決まっている予定を考えているため、まず見たい映画をやっている映画館の場所と上映時間を調べ、それに合わせて休日の予定を組む必要があった。そして、カフェなどでもやることができる友人との連絡や、録画して夜にゆっくり見ればよいテレビなどは優先順位を下げる。

起きたら着替えて洗濯機を回す↓その間に朝食を取り、そのあと片付けを済ませる↓洗濯物を干す↓洗濯に使った道具の片付けや水回りの掃除↓買い物リストを作る↓映画の上映時間を調べ、その時間に合わせて身支度して外出という**段取りを1つのセットにまとめる。**

洗濯を先にするのは機械がやってくれるので、その間に他のことができるからだ。このように機械に任せられることは便利なのでどんどん活用しよう。洗濯機を回す間に食事とあと片付けにしたのは、食後にテレビやネットを見ることなくすぐに動くための段取りである。こうやって無意識にじっとする時間を減らすことで次の行動に移りやすくなる。

「やめること」を見付ける

発達障害の人は何かが気になったり夢中になったりすると、そのことに注意が向きがちである。しかし、自由に使える時間が限られている以上、**日常生活を送る上で優先度が低いこと、やりたくても続けることが難しいことは減らす、もしくはやめることも検討する**必要がある。

ADHD傾向が強い人は、やりたいことが次々と拡散して「あれもこれも！」となり、空いている時間いっぱいに詰め込んでしまい、家事などの日々コツコツと積み上げる作業をあと回しにしてしまう。

ASD傾向が強い人は、何か気になること、やりたいことがあると自分が納得がいくまでやり遂げたい、家事も完璧なレベルまで

テレビやネットを見るときのルールを定める

時間や区切りを決める

「やるべきことをやったあとのご褒美」にする

テレビやネットを見る時間帯を決める

疲れているときは睡眠や食事を優先する

やろうと頑張ってしまいがちだ。たとえば、調べ物でもある程度わかったらそこでやめてもよいはずなのにネットの関連記事を全部読まないと気が済まない、掃除も普段は気にならないのにやり始めたら徹底的にやりたくなるという具合だ。

いずれも通常の時間軸とは違う感覚に陥りがちなので日常生活では落とし穴になりやすい。

1日は24時間と考えると一見長く感じるが、睡眠、食事、仕事や家事など生活に必要な時間を差し引いてみると、自由に使える時間は驚くほど少ない。

もちろん、これはすべての人に当てはまるわけではないし、ADHDやASDの人にのみ見られる傾向とは限らないが、一般的にADHDの人に多いのは、

- ついネットサーフィンをしてしまう
- 見たかったテレビ番組が終わったあともつい次の番組を見てしまう
- 食事が終わったらすぐに片付けようと思ったが、立ち上がるのが億劫《おっくう》になってダラダラする

ASDの人に多いのは、

- 片付けをしようと古い本などを見てつい最後まで読みふけってしまう
- ゲームなどを始めると終わりまで徹底的にやってしまう
- 玄関の掃除を始めたら徹底的にやろうとして、結局玄関の掃除だけで終わってしまった

といったことが挙げられる。これらはあっという間に時間が経過する理由になる。特にスマホからは大量の情報を入手できるため、つい長時間いじってしまいがちだが、それで当初の計画が狂うことは多いので、便利な面もあるが、接し方も考えたい。

このような「時間を忘れてついやってしまう」習慣は、現代社会では往々にして不利に働きやすい。特徴としては、

- 手軽に快楽を得られる
- 最初は少しだけと思っても長時間になりがち
- あまり動かない（掃除なども特定の場所だけに注意を向けがち）

ということが挙げられる。つまり、実行するための手間に比べて得られる快楽がとても大きい。そして、それを我慢してより快適な結果を得ようというのは先の見通しがないと困難である。

そのため、「必要なことを終えたら余った時間をネットなどに当てたほうが満足感も大きいし、やらなければいけないことをやれなかった罪悪感も少ない」と自分に言い聞かせて、これらの**時間泥棒的行為を減らすこと**が重要だ。

いきなりテレビやネットの時間をなくそうとすると、今度はそれがストレスになって反動が出るため、

「自分がやったこと」のログを取って振り返る

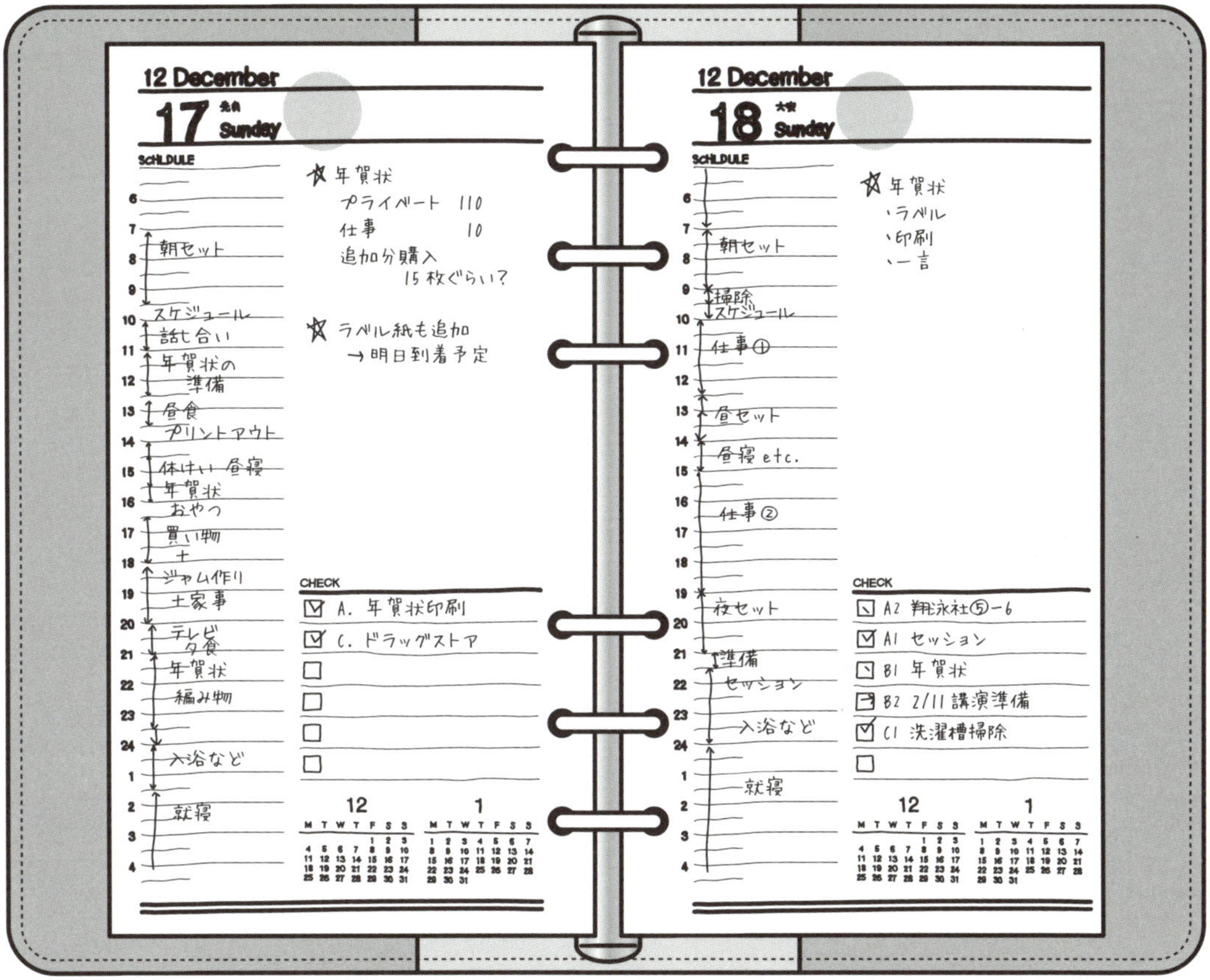

・「やるべきことをやったあとのご褒美」と位置付ける
・時間や区切りを決める（特に終了時間は重要）
・疲れているときは睡眠や食事を優先させる
・テレビやネットを見る時間帯を決める

といったルールを設けよう。

ADHDの人は時間感覚が弱い人が多いので、上図のように方眼紙や手帳などに1週間ほど**自分がやったことのログを取ってみる**とよいだろう。予想以上に無意識に行動して時間が足りなくなっていることが可視化され、自分が見積もっている以上に日常生活のことに時間がかかっていることがわかるだろう（もちろんASDの人がやってもよい）。

ASDの人の場合、時間感覚は比較的しっかりしている人が多いが、「自分が気になること」にこだわるあまり、人によっては

「週末にやると決めたこと」「時間を守ること」「完璧に遂行すること」ばかりに注意が向いてしまうことがある。また、それができなかったことで一気に調子が崩れたり、途中までやれていたことを放り出したりすることもある。

週末に全部やることが本当に重要なのか、多少時間がズレたり、多少完成度が低くなったりしたとしても自分や周囲の人が楽しめればよいのではないか、といった視点を持つことが必要だろう。

また、「このくらいならまあいいや」と基準を下げる、分散して少しずつ片付ける計画をするなど、**より現実的なプランに変更する**ことも大切である。

そして、これは共通していえることだが、この手の自己嫌悪に陥るような行動をついしたくなるのはストレスがたまっている、疲れている、といった心身に負荷がかかっていることが多い。まずは睡眠や軽い運動（散歩やウォーキング）、栄養バランスが取れた食事をすることに時間を使う、それが難しいなら「自分は今疲れている、ストレスがたまっている」ことを意識するようにしよう。

「自分歳時記」を作る

やることを決める際につい忘れがちなのが少し先の予定だ。月や季節、年単位で巡ってくる行事（年末年始やお盆など）は意外と多く、地域によっては毎月のように自治会などで何らかの共同作業が入っていることがある。

そこまでではなくても、季節ごとの家事や年中行事もあるはずだ。暑くなれば扇風機などを出し、布団や洋服を夏用のものに取り替えるし、寒くなれば扇風機をしまってストーブやヒーターを出し、厚手の布団や洋服をそろえる。

お盆や正月の帰省や年賀状といった家族や親戚との付き合いも学生時代のように親任せではなく、次第に関わりが深くなってくる。「自分は関係ない」と思うかもしれないが、親から「帰省したら実家の掃除を手伝ってほしい」「今度○○（親や兄弟）の誕生日だから集まろう」といった話もゼロではないだろう。

「映画を見たい！」と思っても翌週以降の予定との兼ね合いを考えると「映画を見るなら来週のほうがいいかも」「今週は家で夏支度をしておいたほうが来週楽しめる」となるかもしれない。

発達障害の人たちと接していると「季節の移ろいを肌で感じる」ことが苦手なケースが多い。たとえば、「暑くなってきたからそろそろ夏服を出そう」といった大半の人にとっては当たり前の気温や季節に自然に対応することが難しいのだ。

歳時記の具体例

月	衣・住	年中行事	仕 事
1月	手紙、書類整理	父親誕生日	仕事始め
2月	本の整理、浴室掃除		
3月	カーテン洗濯、押し入れ点検	お彼岸	
4月	靴磨き、バザー準備	母親誕生日	
5月	エアコン、換気扇周り掃除		
6月	衣替え、クリーニング		社員旅行
7月	窓掃除		
8月	外壁掃除	お盆	夏休み
9月	リビング掃除		
10月	ガレージ掃除	夫誕生日	健康診断
11月	衣替え、暖房器具準備	年賀状準備	
12月	玄関周り掃除	年賀状、クリスマス、正月準備	年末調整、仕事納め

背景にはいくつか理由があるが、筆者の場合は「気温が高い」「暑い」という事象と、「夏服を出して着る」「扇風機やエアコンを掃除して夏に備える」といった具体的な行動の因果関係を理解していないことだった。

筆者もこの手の季節の移り変わりに適応するのがもともとは非常に苦手だったので、日々の予定に流されないように、**自分で日々のスケジュールとは別に、上図のようにおおまかな歳時記を作っている**。言い換えれば学校などで配布される年間予定表の自分版である。

事前に忙しくなる時期や、すぐではないが大切な予定（健康診断や帰省など）を把握するきっかけにもなるため、できれば紙のカレンダーや表に書いておくとよい（カレンダーの使い方については次節参照）。

手帳やスケジュールアプリの使い方がわからない

対策

○メインとして使用するスケジュール管理ツールを決める

事例　手帳やアプリを使うとよいというけれど……

会社の予定は会社指定のウェブカレンダーに記入しているが、プライベートの予定はプライベート用ウェブカレンダーに書いたり、紙の手帳に書いたりと方針が定まらず、気が付いたら途中で記入をやめてしまっている。

そのためか、家族や友人知人から誘われても即答できず、うろ覚えで「ここならいいよ」と答えたらダブルブッキングで予定変更が大変だったこともしばしば。

そもそも手帳やスケジュールアプリってどう使ったらよいかわからない。本やネットで活用術を披露している人がいて何度か真似してみたけれど結局挫折してしまった。自分に合った方法ってどうすれば見付かるのだろう。

原因　手帳やスケジュールアプリを使う目的が不明確

手帳を使えないという悩みを裏返すと、手帳を使うメリットをよく理解できていないことが考えられる。では、なぜ人は手帳やスケジュールアプリを使うのだろう。大半の人は「予定やタスクを忘れないため」と答えるだろう。

確かにそうなのだが、実は手帳やスケジュールを利用する最大のメリットは、**「時間の使い方を可視化できる」「時間を意識的に考え、過去を振り返ったり、未来に思いを馳せられたりする」**ことだ。

時間は一定方向に流れるベルトコンベアーのようなものだと想像してみよう。原則自分一人が使えるのは1本だけ（＝時間軸）で、かつ載せられる荷物（＝予定やタスク）も1つだけだ。

　他人に頼んだり、機械を使ったりすると複数のベルトコンベアーを使えるが、反対に用事を頼まれれば1つしか載せられない自分のベルトコンベアーに他人の荷物を載せるので、その間は自分の用事はできない。また、他人や機械の手を借りるには事前の段取り（つまり他人の時間ベルトコンベアーに荷物を載せる準備）やフォローアップ（お金を払ったり、修理などをしたりする）が必要で、実際は前後に自分の時間をある程度割いているのだ。

　つまり、手帳やスケジュールアプリは時間ベルトコンベアーを可視化し、「この時間に載せる荷物はこれです」「この時間までに荷物を載せ終えてください」といった割り振りをするための道具なのである。

　そのため、**まずは期間によってスケジュールの性質が変化することを意識し、自分がどの種類の予定を把握したいのかを確認しよう。**これは一例だが、次のような基準で考えるとわかりやすいので参考にしてほしい。

- 超長期スケジュール（1年～10年くらい先）↓ライフステージの変化などをイメージするためのもので、詳細は未定なことが多い
- 長期スケジュール（半年～1年先）↓大きなイベントなど、その前の段取りが必要なものが多い
- 中期スケジュール（1カ月～半年先）↓長期スケジュールからの段取りや、イベントの準備段階などが混在している
- 短期スケジュール↓（1週間～1カ月先）↓ルーティンワークと、段取りから分割された具体的なタスクが混在している
- 超短期スケジュール↓（当日～1週間先）↓日々の業務や突発事項への対応など、具体的な予定やタスクに分けやすい

解決法　メインのスケジュール管理ツールを決める

今は処理する情報量が多い時代なので、メインのスケジュール管理ツールとして使用するのはウェブカレンダーか紙どちらか1つといわれたら**ウェブカレンダー**をお勧めする。ウェブカレンダーやスケジュールアプリのメリットは、

- 繰り返しの予定が簡単に入れられる
- 予定変更が簡単にできる
- アラート機能を使えるので、タスク管理と組み合わせやすい
- アプリ同士で連携できる
- 複数の端末で記入・同期できるため、紛失しても対応可能
- 携帯端末を使えば移動中でもすぐに入力できる
- 過去の予定を検索しやすい

・記入する道具を常に携帯している確率が高い

といったことが挙げられる。特に書字が苦手な人は手帳に書くこと自体が苦痛になるため、ウェブカレンダーを利用するメリットは大きい。使うアプリを決めたらスマホのホーム画面に表示させ、「とにかく予定を入れる」習慣をまず徹底させることが第一歩である。仮の予定や移動時間なども入れておこう。

併用する場合は、まず優先的に予定を記入＋具体的な予定確認はウェブカレンダー、サブでおおまかなスケジュールや段取りを組むのは紙という使い方がよいだろう。

細かい予定はウェブカレンダー、長期の見通しは紙に

紙の手帳のメリットは、

・一覧性が高く確認しやすい
・中期以上の予定確認に最適
・電源を入れなくてもすぐに見ることができる
・種類が豊富で、使い方について情報を探しやすい

ということが挙げられる。特に中期から長期のスケジュールを把握しづらい人は紙の手帳も併用したほうがよいだろう。「だいたいこの時期が忙しいな」「このあたりで◯◯の準備を始めるとよさそう」といったおおまかなスケジュールを把握する目安がわかることで見通しを立てられる。この見通しが付くと、具体的なタスクに分ける、他人や機械に振り分けるといった段取りを組みやすくなる。

筆者が勧めるのは**蛇腹式スケジュール**で、このタイプは『「超」整理手帳』や日本ビジネスプランの蛇腹タイプ、システム手帳の年間予定表などいくつか市販されている。蛇腹式を勧める理由は、広げると時間の長さや予定の密度を実感しやすく、かつページの寸断が少ないことである。まずは紙の手帳は蛇腹式スケジュール帳だけ使って常に月単位先の予定を視覚化し、時間感覚を養うことを目的にしよう。

「蛇腹式スケジュール」なら、俯瞰で予定を確認できる。

手帳やアプリは持ち運びできる秘書兼マネージャー

記入に慣れてきた、あるいは「もう少しここができたら……」と具体的な要望が出てきたら、自

分のニーズに合わせて手帳やアプリを活用していこう。

手帳やアプリはスケジュールやタスク以外にも、

- 体調管理（体重、血圧、基礎体温、生理、便通、歩数など）
- 気分の変調（シールやマークを付ける）
- 家事の記録（レシピ、掃除、衣替え、年賀状など）
- 趣味の記録（読書、映画、美術館、旅行など）

といった使い方もできる。

筆者は学生時代に体調を崩したことをきっかけに、手帳に基礎体温と生理周期を記録し、体調管理に活用していた。このような記録があることで通院時の医師との会話もスムーズになり、「そろそろ生理だから体調に気を付けよう」と事前に体調のリズムを把握しやすくなった。今でも体重や便通、生理、頭痛の記録を付けていて内科や婦人科などの診察の際にそのデータを医師に示して助言をもらっている。

実用的な内容ばかりだと仕事のようで抵抗を感じる人は、楽しかった、これができたと感じたことを記入してみるとよい。タスクなどを書いているとできなかったことばかりが目について嫌になってやめてしまうことがあるが、今日できたことを書いていくと「今日は頑張れた」と自己肯定感を育てるきっかけにもなる。特に自分の欠点ばかりが気になってしまう人は試してほしい。

手帳やアプリのスケジュール以外の使い方

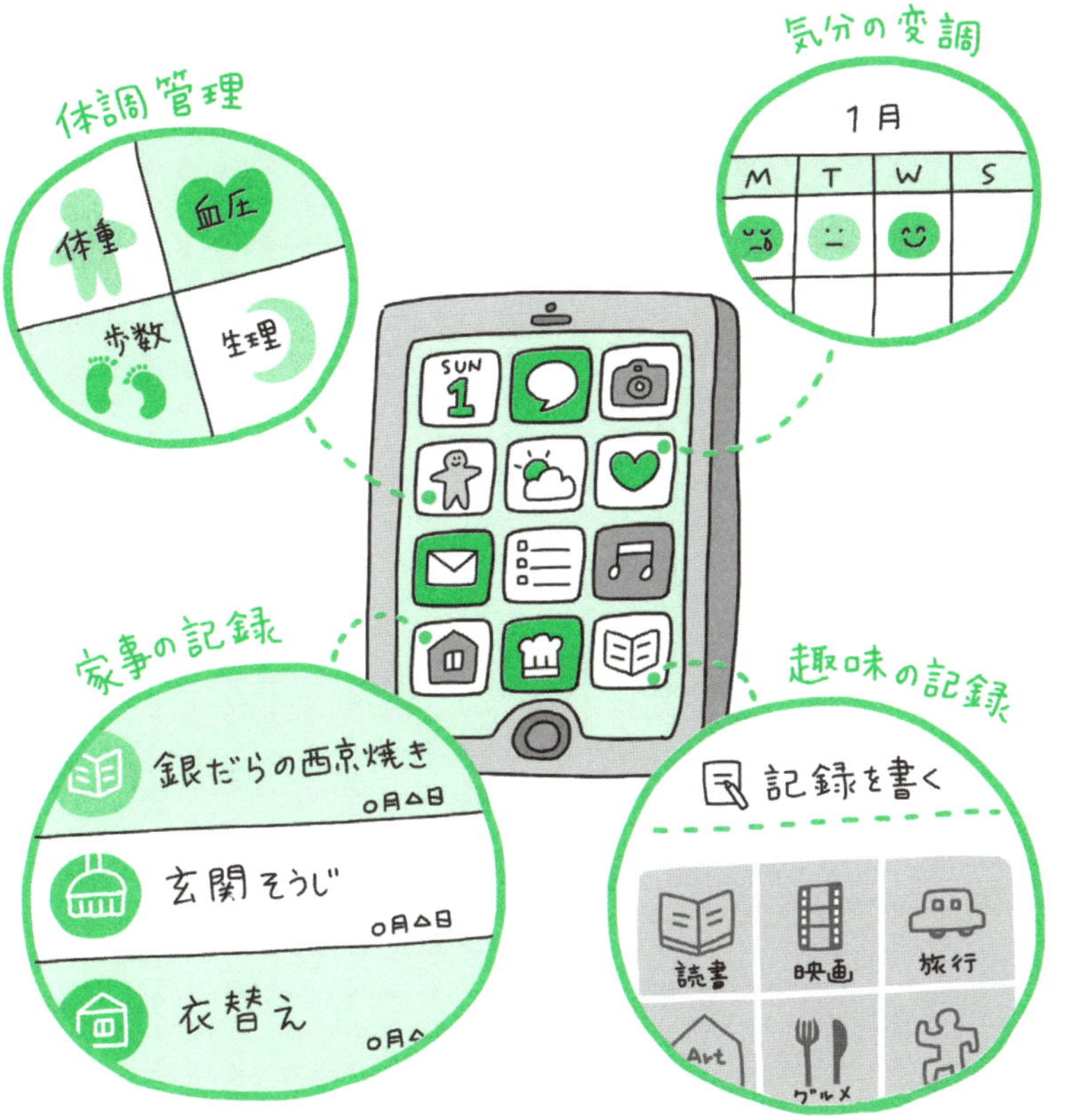

身支度に時間がかかる

対策

- 服装のパターンを作る
- 前日のうちに身支度をしておく

事例

似合う服でおしゃれして出かけてみたいが……

同じ年頃の人がおしゃれをしてあちこち出かけているのを見かけるが、正直自分にはどんな服が似合うかよくわからない。

家にいるときはラクなのでTシャツやジーンズで済ませてしまうからか、休日に友人らと外出する予定があっても何を着たらよいかわからない。親しい友人は、「もっとはっきりした色を着ると似合いそう」「こんな格好が似合うんじゃない？」と言ってくれるが、なかなか勇気が出なくて結局いつも同じような服装で外出している。

そういう状況を変えたくて新しい服を買ってきても、既に似たような服がクローゼットに掛かっていたり、手持ちの服との組み合わせが難しかったりして、結局タンスの肥やしになっているものがいくつもある。

靴もおしゃれな編み上げの靴を通販で見かけて買ったけれど、手先が不器用で紐を結ぶのが面倒くさくなり、数えるほどしか履いていない。アクセサリーも出かける直前まで服装が決まっていないからうっかり着け忘れて外出してしまう。

原因

自分の長所・短所を客観視できていないことと、ラクをする工夫が不十分

おしゃれは流行を取り入れながら、なおかつ自分の長所を強調し、短所を目立たせないようにすることがポイントになる。たとえば、体型を気にするあまり全身をゆったりとした服で隠すよりも、上半身を大きめな柄の服やアクセサリーでボリュームを持たせて、下半身をレギンスなどにしたほうが体型のメリハリが利いてスッキリ見える。

しかし、発達障害の人の場合は、このような**全体的なものの見方よりも細部へ視点が向きがちなこと、他人の目よりも自分の好みや気にしていることを優先させがちな傾向が強いこと**があってか、おしゃれに対して苦手意識を持っていることが多い。また、似合う・似合わないは感覚的なものなので暗黙のルール理解や直感的な比較が苦手な人にとってはかなり判断が難しい。

職場は制服やドレスコードがあるから決まったパターンで過ごせるが、仕事着よりもカジュアルで部屋着よりもおしゃれな服の着回しは、「ほどほどにラク、かつ、

手持ちの服の上手な組み合わせ方

手持ちの服を仕分けする

着るパターンを決める

セットをまとめて
ハンガーに掛ける

ほどほどにおしゃれ」が求められるからこそセンスが問われる。

　まず白いシャツ、黒タートルネックセーター、デニムジーンズやスリムなパンツあたりで自分に似合う＋ラクに着られるものを探ってみるとよいだろう。

解決法 服装のパターンを作る↓まずは3場面×2パターンを四季分

　先程述べたように、働くようになると部屋着、仕事着（スーツやそれに準じた服装）、その中間服（少しおしゃれなカジュアルウェア）が必要になる。

　まずは手持ちの服がどれに当てはまるのか分けてみよう。中には、「これ、部屋着だけど中間服にもなるかも」「中間服だけど、仕事にも着ていけそう」といった兼用できるものがあるかもしれない。それらは着る場面が多いほうへ置くようにする。

　次にパターンを決めるのだが、原則は**「上半身ボリューム＋下半身スリム」**か**「上半身コンパクト＋下半身ボリューム」**の2つだ。

　これが季節ごとに部屋着、仕事着、中間着で2、3セットずつあれば、適宜流行や体型の変化に合わせて入れ替えていくことで対応できる。

　このセットをまとめてハンガーに掛けるか、セットの写真をクローゼットに貼っておけば急いでいるときにもサッと着ることができて時間の節約にもなる。

　「同じような服装ばかりだと……」と思うかもしれないが、よほどおしゃれに興味があるか、細かく観察する人でない限り他人の服装をこと細かに覚えていることはほとんどないので、2つのパターンを選択したとき、交互に入れ替えて着るようにしていれば大半の人は気にならないはずだ。

紐靴に伸びる紐を通しておく↓着脱の時間短縮

　「おしゃれは我慢」という人もいるが、やはり続きにくい我慢をするよりはラクなほうがよい。幸い最近はラクにおしゃれをするのが認められてきたから便利な道具も豊富で、それらをうまく活用したい。特に発達性協調運動障害の傾向がある場合、意識するとかなり負担が軽減される。

　筆者は紐靴を脱ぎ履きしやすいよう、百円ショップで購入した**伸びる靴紐**を愛用している。この紐はゴムが編み込んであり、靴べらを使えば紐を結んだまま着脱できる。見た目は普通の靴紐なので革靴にも違和感なく使える。

　手先が器用でも指先に力が入れにくい場合、

- 小さなボタンやスナップ

- ベルトのバックル
- 靴紐
- リボン（女物の場合、服や靴以外にも髪飾りやかばんなどに付いていることがある）
- レース（ベルトやかばんの金具などが絡みやすい）

は身支度をする際に時間がかかりやすく、面倒に感じやすい。自分が身支度をするときに何が支障になっているのかをリストアップし、解決できそうな商品やデザインを探してみるとよいだろう。

メイクを省略する↓ポイントメイクは眉、チーク、リップで

男性はあまりピンとこないかもしれないが、女性は身支度をする際、メイクに意外と時間がかかる。やりたくなければしなくてもよいのだが、年齢とともにメイクをしたほうがよい状況が増えるの

身支度する際に支障になりそうなもの

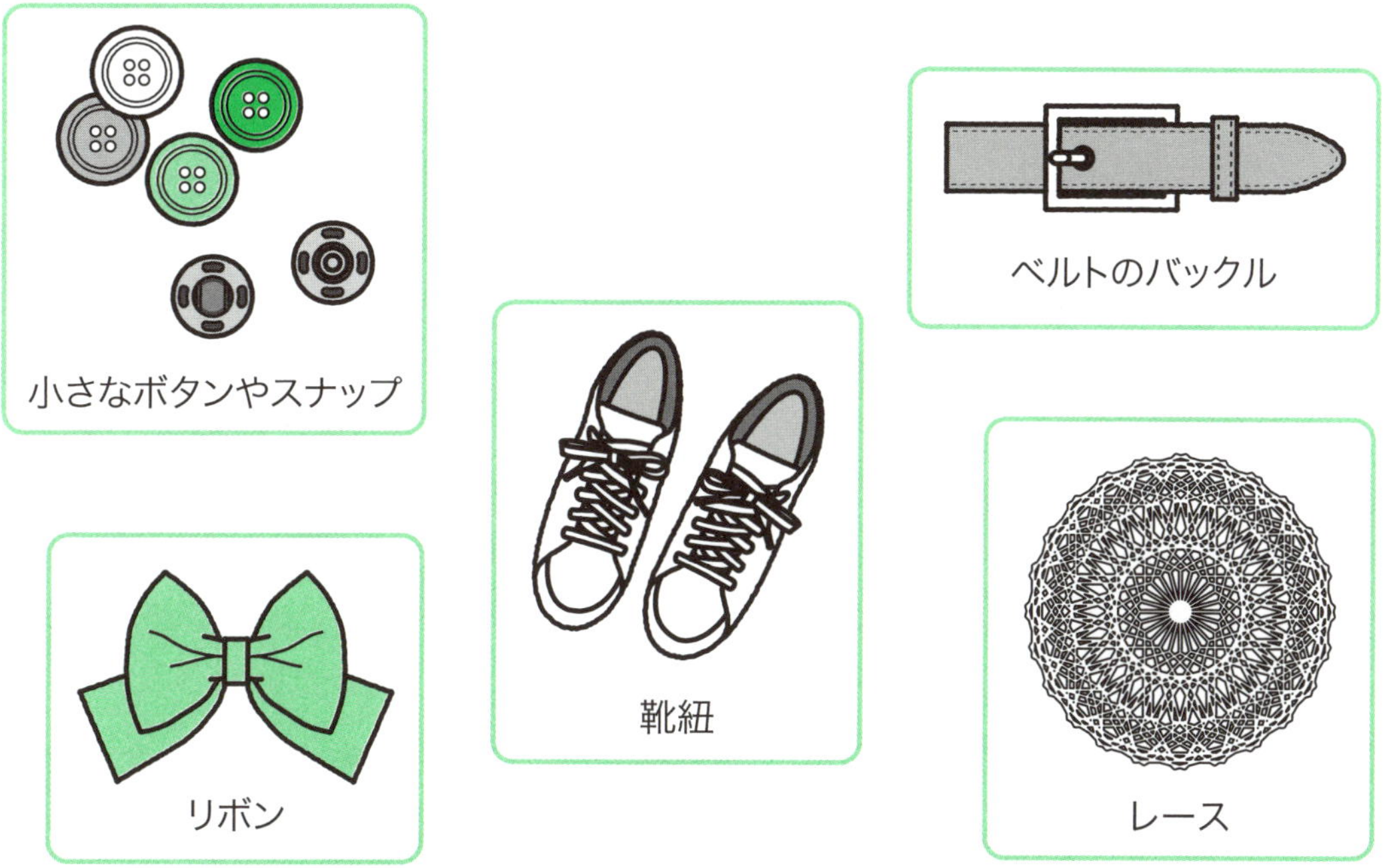

身支度の支障になっているものをリストアップし、解決できる商品やデザインのものを探そう

でラクにできるコツを知っておくと時間短縮になる。

以前テレビの仕事でメイクをしてもらった際に担当者にコツを聞いたら、**「眉の形と肌のツヤ、頬の血色がポイント」**とアドバイスされた。逆にいえば、それさえ押さえればさほど違和感なく見える。

ベースメイクは、最近は日焼け止めや乳液と兼用できる便利なものが売られているから、それを薄めに塗る（伸ばしにくい場合は乳液や日焼け止めを少し混ぜる）だけでカバーできる。テカリが気になるならその上からルースパウダーをブラシで付ける。

眉の形は眉山の付け方で印象が変わる。眉山をなだらかにすると自然な印象に、反対に角度を付けるとメイクを強調する印象になる。長いスパンでは眉の太さや色の流行が変化するが、大半の人は眉山の描き方で十分対応できるという。

眉山の目安は鼻の横のでっぱりと黒目の外側を一直線に結んだライン上で、そこから目頭側を薄い色、目尻側を濃い色で描くと自然な感じに見える（次ページ図を参照）。眉毛を描くのが面倒なら時間があるときに顔用のカミソリや眉毛用ハサミで眉毛をあらかじめ整えておくだけでもごまかせる（このときメイクをしないなら長めにカットする）。

プライベートでは口紅も塗らないと顔色が悪く見える人以外はリップクリームにしてもそれほど違和感はない。筆者は、口紅は唇が荒れてしまうためリップクリームか色付きリップにしているが、もともと唇の色が濃いこともあってか、むしろ口紅を塗っているときのほうが顔色が悪く見えていたようで「大丈夫？」と聞かれがちだった。

チークは、頬の血色がよい人は省略してもよいが、顔色が悪く見えがちなら使ったほうがよいだろう。

ドラッグストアへ行くとリップにも使えるクリームタイプのチークが売られていて、それを頬骨に沿って近付かないと見えないほどの濃さで入れてからなじませると自然な血色になる。色で悩む場合は、次に述べる似合う色の系統を見付けてから購入しよう。

似合う色の系統を見付ける→基本のベーシック色＋差し色

同じデザインの服でも色によって印象が変わる。基本は黒系が似合う人と茶系が似合う人に分かれるので、迷ったら黒やグレーの服と茶色やベージュ系の色を着てみて、どちらが顔色がきれいに見えるか比較してみよう。迷ったらカラー診断のサイトなどでチェックできるし、プロのカラー診断を受

メイクがラクにできるコツ

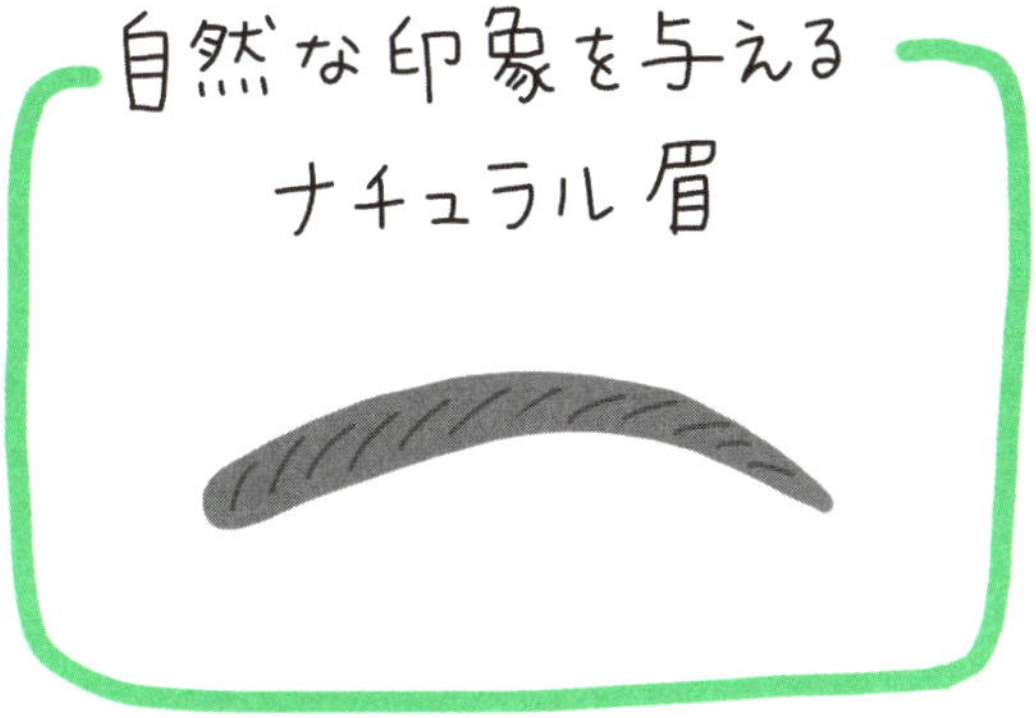

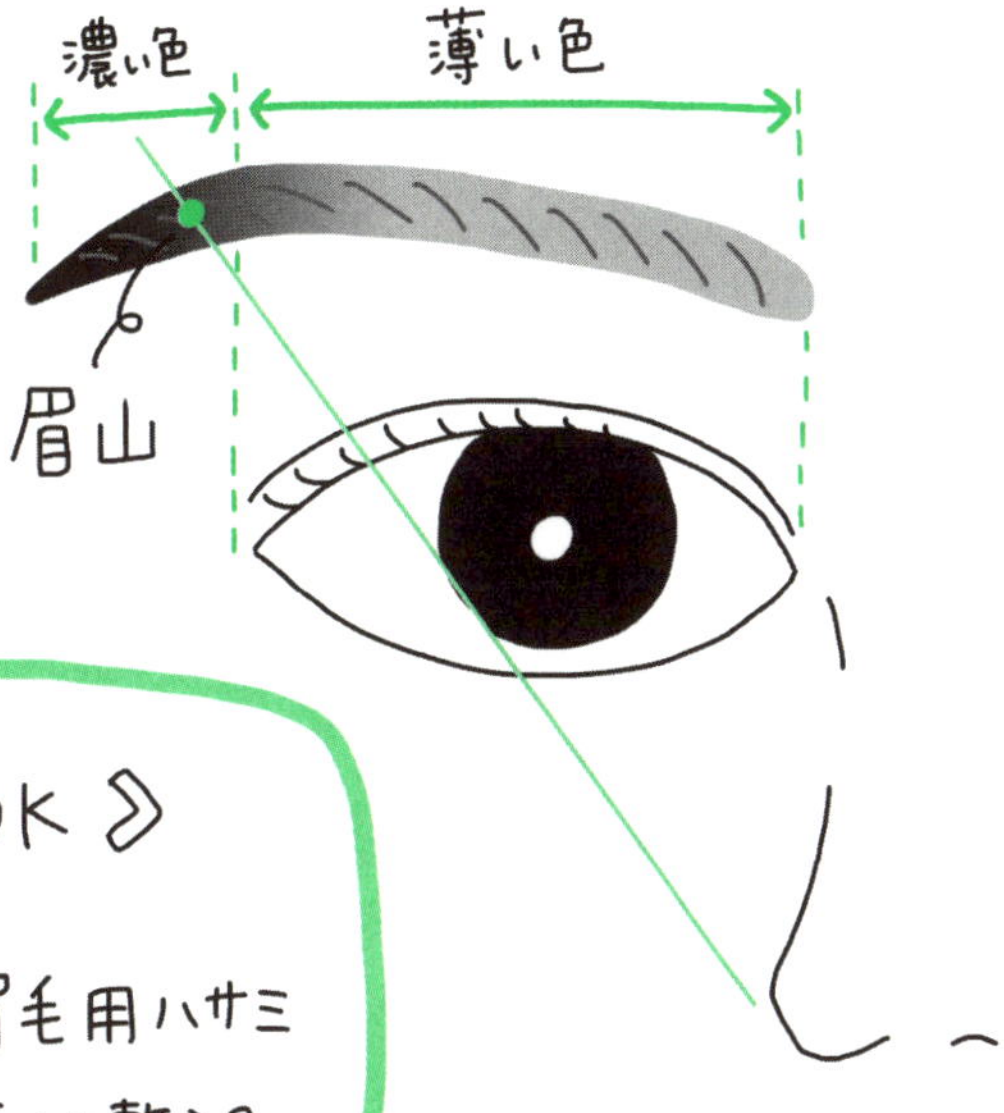

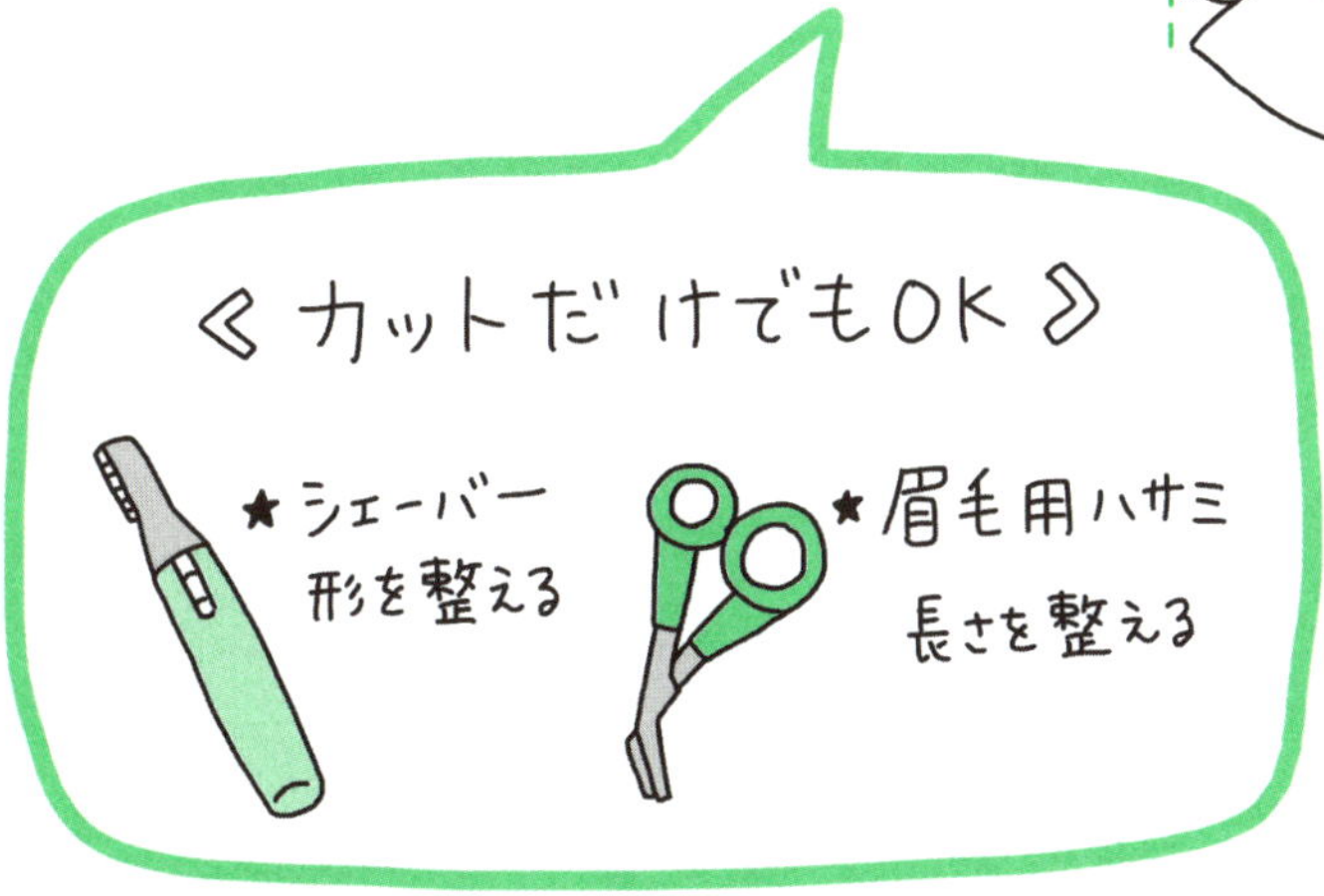

けてみるのもお勧めだ。

　筆者は黒系かつビビッドカラーが似合うタイプなので、基本色はモノトーンや紺色でそろえ、差し色として鮮やかな色の服やストールや小物を購入している。基本色ばかりだと印象がぼやけてしまうため、似合う差し色を使ってメリハリを付けるようにしている。

　差し色は慣れないと「派手かも」と躊躇《ちゅうちょ》してしまうので、最初は帽子、靴、かばん、ストールなどの小物から取り入れてみるとよいだろう。

前夜に持ち物と着る物を準備する

　服を決めるのに時間がかかる人の場合、持ち物もどれを持っていったらよいか悩んでしまい、どんどん外出する時間が遅くなりがちだ。外出直前に慌てないためにも、時間があるうちに準備すると忘れ物は減る。とはいえ、当日準備したほうがよいもの（飲み物や冷蔵品など）もあるので、まず**前日までに用意するものと、当日準備するものをリストアップしてみよう。**

　紙に書くのもよいが、Evernoteといったパソコンやスマホのノートアプリに記録しておけば繰り返し使えるし、あとで編集も可能だ。

　例として、次ページのようなものが挙げられる。こうしてみると当日にしか準備できないのは充電が必要なものや腐敗などのリスクがあるものくらいなことがわかる。

　そこで、前日までに用意できるものはかばんや袋などにまとめておく。それも忘れそうならいつも持ち歩くバッグとまとめて持ち手用カバー（検索するといろいろなものが出てくる）で巻いて一緒に持ち歩けるように準備しておこう。

　貴重品はバッグインバッグやポシェットにまとめておく。仕事用とプライベート用のかばんを分けておくやり方も有効だ。自分が外出時にどのようなかばんを使うとよいのか（リュック＋ポシェットにする、ショルダーバッグだけにする）検討してみるとよいだろう。

　筆者は、電車に乗る日は原則リュック＋ポシェット、車移動の日はポシェットとA4サイズの書類が入るショルダーバッグか手提げバッグにしている。ポシェットに必要最低限のものを入れてあるので、それは常に持ち歩き、大きなかばんを状況に応じて使い分けている。このようにパターンを決めておくと、迷わない分、身支度の時間を短縮できる。

前日までに準備するもの

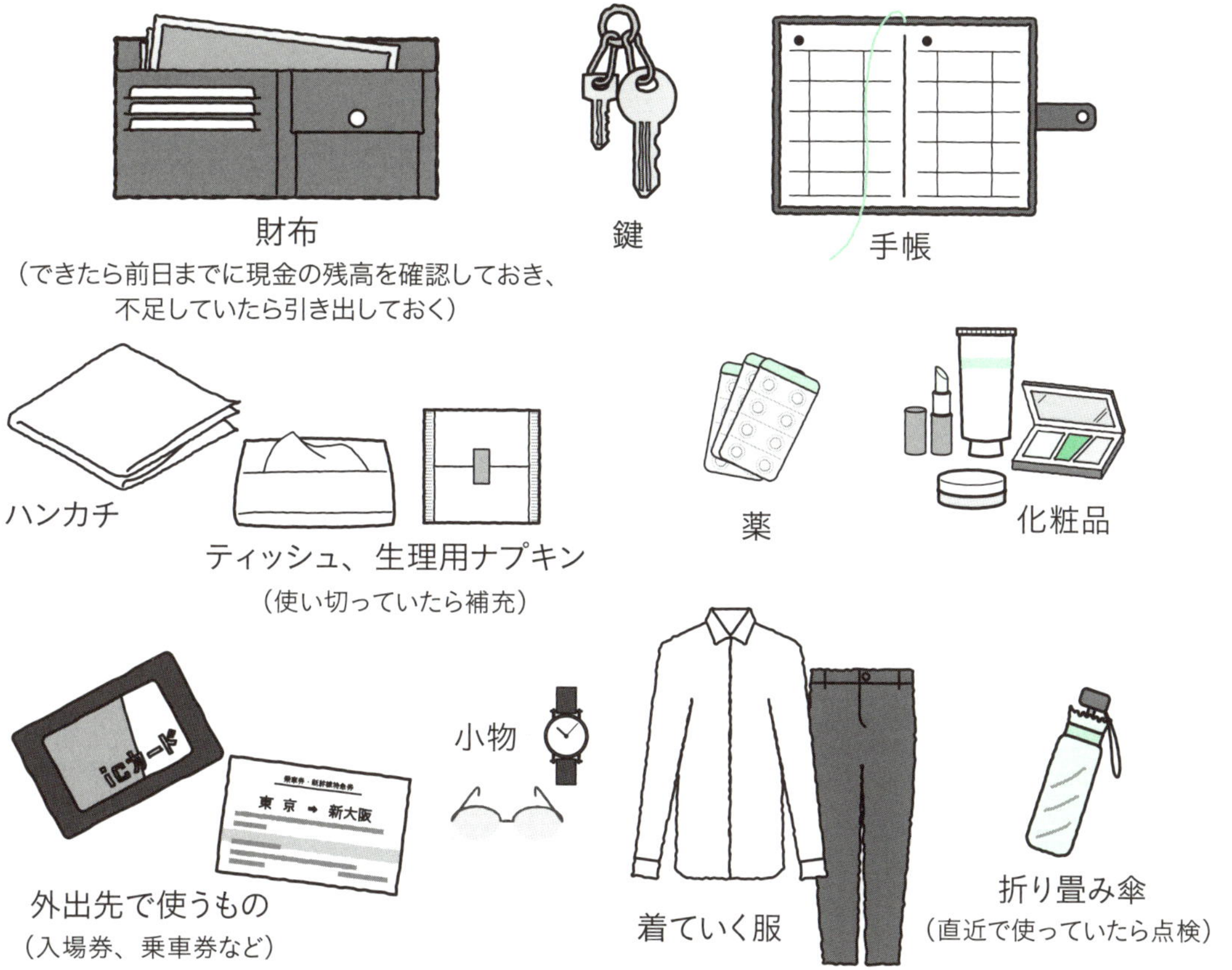

当日準備するもの

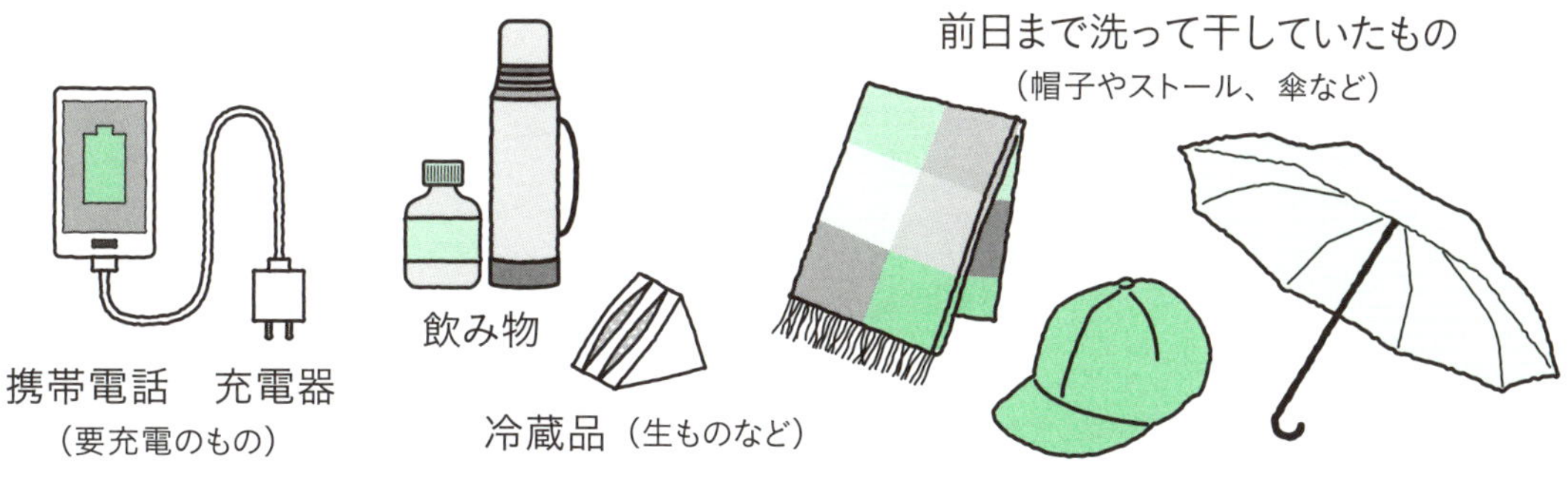

毎週のごみ出しを忘れてしまう

対策

○スマートフォンに知らせてもらう
○前夜までにごみをまとめ、玄関先に置いておく

事例

朝の慌ただしさで気が付くとごみ収集車が来ている物音が……

朝の支度をしている最中、ごみ収集車の音を聞いて「あ！ 今日燃えるごみの日だった!!」と慌ててごみ袋をつかんで外に駆け出すが、収集車は既に去ったあとだった。

これが度重なれば家の中にごみがたまって置き場所にも困るし、生ごみならば腐敗して臭いの原因になってしまう。

とにかく朝はやることに追われてうっかり忘れてしまう。何とかしたいと思うが、日によって捨てるものが違うことも相まってなかなかうまくできない。

原因

限られた時間内に複数の作業をこなすことに加え、曜日によって捨てるごみが違うという二層構造の状況

朝はやることが多く、さらに出社時間に間に合うよう一度に複数のことを考えながら作業しないといけない。実は発達障害やその傾向がある人にとって、これはとても大変な状況なのである。

曜日によって捨てるものが違う、いつもならごみ出しを先にやっているのに、たまたま忘れた日は先に食事をしてしまった、目の前の洗濯物が気になって片付けていたら出勤時間になってごみ出しを忘れた、曜日は一緒でも奇数の週と偶数の週で捨てるものが異なっていて間違えてしまい、間に合わなかった、といったちょっとしたことが忘れてしまう理由になる。

　不要なごみを捨てて快適に暮らしたいという気持ちがあっても、起床時に空腹ならまず食事をしたいと思うし、ごみ捨てで外に出るなら着替えなければと思えば、ついついあと回しになってしまう。また、他に気がかりなことがあれば、そちらに関心を奪われてしまう。

　人間が一度に複数のことをこなす際に使う記憶は、ワーキングメモリー（作業記憶）と呼ばれている。この能力には個人差があり、数を復唱する検査などでは7±2が1つの目安とされることが多い。

　しかし、日常生活の作業においてはもっと複雑なため一度に覚えていられる項目は少なくなり、4つ以上になると多くの人は困難を覚える。うっかりミスが増えるのもワーキングメモリーに負荷がかかっている状況で、まずそのことを認識することが重要だ。

　また、発達障害の場合、**何か1つ気がかりなことがあるとずっとそれにこだわってしまう**（ASD傾向）、もしくは**目の前にあることに次々注意が移ってしまう**（ADHD傾向）、第○△曜日には燃えないごみといった**数字が絡む情報の処理が難しい**（数字のLD）という特性がある。たかがごみ出しと思っても、実はさまざまなハードルが隠れていることをうかがい知ることができる。

解決法　アプリなどを活用し、代わりに機械に覚えてもらう

ごみの捨て方アプリやアラームを使ってごみ出しを思い出す

　最近は自治体や建設業者などが**ごみ捨てガイドのアプリ**を配布している。インターネットで「住んでいる自治体＋ごみ＋アプリ」といったキーワードで検索すると見付けることができる。これをまずスマートフォンやタブレットにインストールしよう。

　アプリに住所を入れたり、GPSで位置情報データを通知したりすると、住んでいる地域のごみ収集日が出てくる。さらにアラート設定すると前日と当日に捨てるごみについて知らせてくれる。年末年始などごみ収集が休みの日も通知してくれるので、筆者も活用している。

　「住んでいる自治体に対応したアプリがない」ときには、**ウェブカレンダーかToDoリストにごみ捨ての予定を入れておく**。通知設定をしておけば、専用アプリと同様に前日と当日に知らせてくれる。

　どちらも最初の設定は少し面倒だが、一度設定すれば自動的に知らせてくれるため、「忘れてしまうのでは？」という不安も軽減さ

多くの自治体などがごみの捨て方アプリを配布している

港区のごみ捨てアプリ

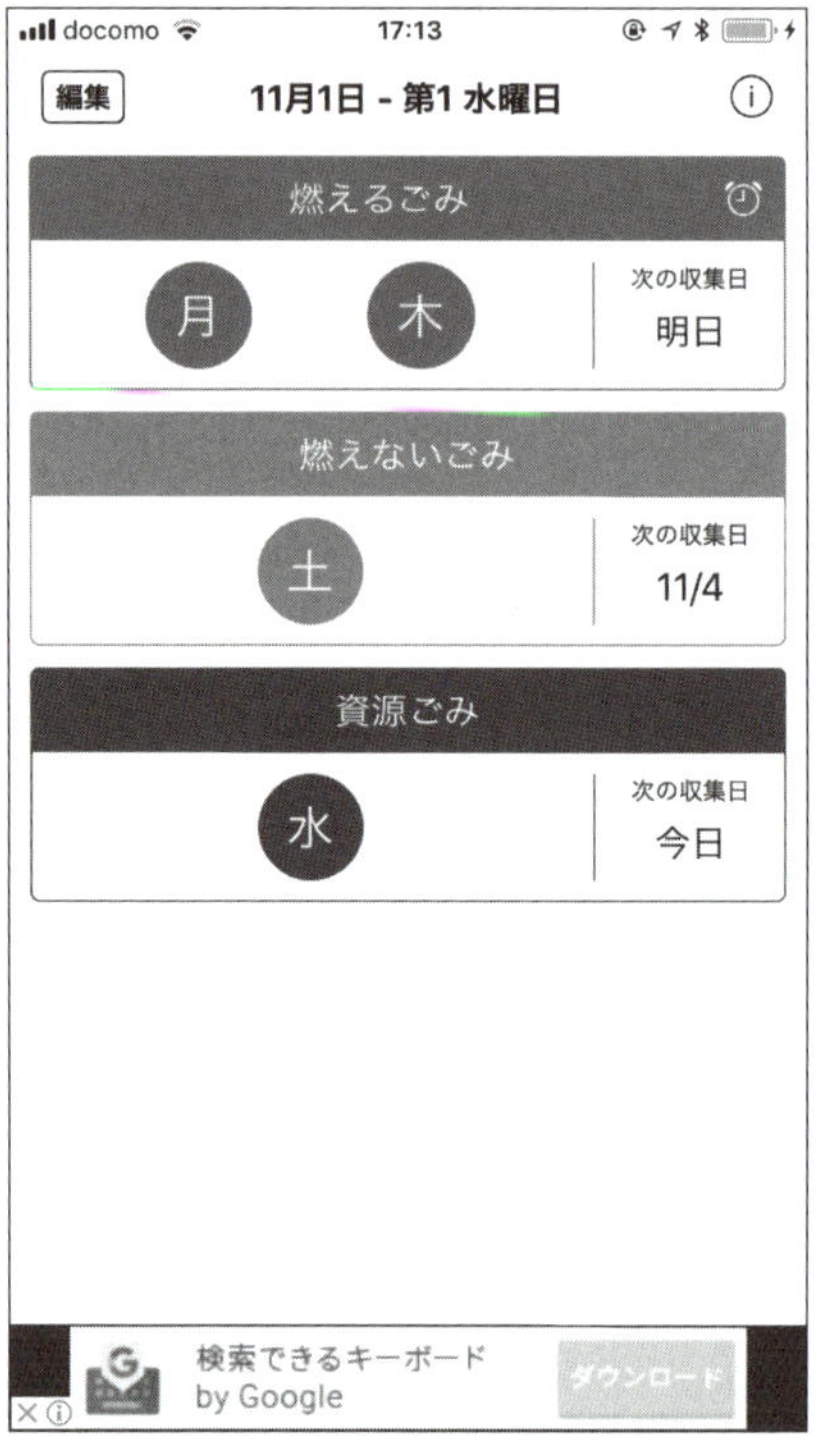

ごみの日アラーム

れる。機械に代わりに覚えてもらえばいいや、という気持ちで設定してみよう。

前もってごみをまとめておくのも手

また、できれば前夜までに**ごみをまとめておき玄関先に置いておく**、もしくは**玄関のドアノブに掛けておき、すぐに捨てられる状態にしておこう**。筆者は、生ごみ以外は少し時間があるときに種類ごとにまとめ、玄関脇のスペースまで運んで「あとは捨てるだけ」という状態にしている。そうしておくと当日になって、「ハサミや紐、袋を出してごみをまとめる時間がない！　作業が面倒くさい！↓ごみ出しに間に合わない！」といった悪循環を断つことが容易になる。「朝は捨てるだけ」と思えると精神的な負担はかなり軽減されるはずだ。

第3章

お金の悩みを解決したい

お金のやりくりは価値観に優先順位を付けること

金銭管理は自分の行動と収支を意識的に結び付けることが重要になるが、発達障害の特性があると、この行動にどのくらい収支を割けるかを感覚的に捉えづらい。本章では、より快適なお金との付き合い方を考えてみよう。

無駄遣いをしてしまう

対策

- 家計簿アプリの活用で生活費を把握する
- おおまかでもよいので予算を立ててみる
- 買い物リスト（持ち物リスト）を作る

事例　気が付くと財布のお金を使ってしまっている

仕事帰りにスーパーで買い物をし、レジでお金を払おうとしたらお金が足りなくてビックリ！

慌てていくつか品物を棚に戻して何とか支払ったが、冷や汗をかいてしまった。ここでは以前にも同じことをしたことがあるから、店員さんの「またですか？」という冷たい視線にいたたまれない気持ちになった。

先週も友人たちと飲みに行って、お勘定のときに「割り勘ねー」と言われたときもお金がなくて立て替えてもらい、あとでコンビニのATMで下ろして支払ったばかりだ。

楽しい気分で終わりにしたいのに、こういうことが続くと精神的に落ち込んでしまう。

本当にいつの間にこんなにお金を使っているのか全然わからないし、どうしてすぐお金がなくなってしまうのだろう。

原因　収支の流れを把握していない

家計の基本は収入＞支出にして収入に見合った暮らしをする、高額なものがほしいときは貯金をして買う、というのはおそらく誰もが納得する話だろう。家計に関する本などを読んでも必ず似たような話が書いてある。

このことは確かに正しいのだが、実行するのが難しいと思っている人は多いし、だからこそさま

ざまな家計簿が書店に並び、多くの人が手に取って購入するのだろう。そして、なかなか続けられずに挫折するという話をよく聞く。

　家計簿は使途不明金を減らし、無意識のうちに使っているお金を把握したいときに威力を発揮する。ただし、これは自分が無駄遣いしている現実も突きつけられるため、まずその事実を現状として受け止めることが大切だ。

　ADHD傾向が強い人は家計簿を付けることを忘れやすいことに加えて、出費の数字を見るうちに**「楽しいことを我慢しないといけないのか？」というプレッシャーや「自由にお金が使えなくなる！」というストレス**で家計簿を付けるモチベーションが低下してやめてしまいがちだ。

　ASD傾向が強い人は、「費目をどう立てたらいいか？」「どの程度まで付けたらいいか？」「財布の中身と家計簿の数字が違う！どうしよう？」と**細かい内容を気にする**ようになり、そのことがだんだんストレスになってやめてしまうことが多い。また、**「自分が無駄遣いしている＝失敗している！」**と極端な思考になって現実を受け止めきれず、挫折してしまうこともある。

　ここを乗り越えられると家計簿は次第に本領を発揮し始める。収支の流れがわかるためには、どうしても数カ月（できたら半年）のデータが必要だからだ。反対に家計簿はそのくらい継続しないと本当のメリットが得られないことを理解していないと、最初のデメリットで嫌になってしまうのだ。

解決法　お金の流れを可視化する

家計簿アプリを使って生活費を把握する

　私は、家計簿を付ける一番のメリットは**「罪悪感を持たずにお金を使える」**ことだと思っている。「今月はまだ予算が残っているから」と思いながら使うのと、「お金、足りるかな？」と不安に思いながら使うのでは、同じ財布を開けてお金を払う行動でも気分が全然違う。

　また、定期的にデータを見直して「来年は車検があるから、その分を前もって準備しよう」といった見通しが立てられる。12等分して積立方式で予算を立てておけば慌てずにお金を用意できる。

　とはいえ、紙の家計簿に出費を

お勧めの家計簿アプリ

アプリ	特　徴
Zaim	• 650万人以上が節約・貯金に役立てている日本最大級の無料オンライン家計簿 • 費目をカスタマイズしやすい • スマホカメラのレシート入力が優秀 • Evernoteと連携してバックアップが取れる
マネーフォワード	• 銀行やカードで使ったお金は食費や光熱費など自動で分類 • 連携している口座が最多で、複数の口座残高や利用明細を一括管理できる • 有料版には残高不足を通知してくれるお知らせ機能がある • 似た状況の人の実績を参考にしやすい
Moneytree	• 銀行、クレカ、電子マネー、ポイント、証券を一元管理できる • 画面がシンプルで見やすい • 基本機能は無料で使える

逐一記入するのはかなり面倒な作業だ。そこで、スマホでも付けられる**家計簿アプリ**を使うことをお勧めしたい。いくつか種類があるが、上表に掲げたものがはじめて家計簿を使う人でも使いやすいだろう。

3つとも銀行口座やクレジットカード決済の利用履歴も連動して取り込んでくれるし、パソコンからも入力可能だ。

Zaimは費目をカスタマイズしやすい、マネーフォワードは連携している口座が多い、Moneytreeは画面がシンプルで見やすいといった特徴がある。ICカードでの乗車記録が多い人はスマホのNFC（近距離無線通信）機能を使って、スマホにICカードを載せるだけで利用履歴を読み取ってくれるアプリがあるZaimやマネーフォワードあたりが使いやすいだろう。

銀行口座やクレジットカードと

連携させるにはインターネットバンキングなどの登録情報が必要だ。中には抵抗がある人もいるかもしれないが、セキュリティ対策はかなりしっかりしているので、まずメインで利用しているものだけでも登録すると自動取込みの便利さに手放せなくなる。

現金の収支は原則手入力だが、紹介した家計簿アプリはレシート読み取り機能が付いている。以前はかなりエラーが多かったが、だいぶ改善されてきた。家計簿で大切なのはすぐに記録することなので、スマホやパソコンから入力できるのはかなり手間を減らせる。

1カ月ほど経過するとおおよその収支がわかってくるので集計してみよう。すると、「けっこうカフェに行っているな」「ついネットショッピングで買い物している」といった状況が見えてくる。中には後悔するような出費もあるかもしれないが、「今わかってよかった。今後に活かして予算を組んでいけばいい」と気持ちを切り替えて予算を組んでみよう。

予算を組んでみる

家計簿アプリでお金の流れが見えてきたら、次は予算を組んでみよう。予算の組み方にもさまざまなやり方があるが、きっちりと組んだほうが向いている場合と、ざっくりと組んだほうがよい場合がある。

最初はおおまかな項目→慣れてきたら細かくというのが原則だが、印象としては、ADHD傾向が強い人は費目が多いと面倒になるので、**ざっくりと「食べる、暮らす、遊ぶ」もしくは「消費、投資、浪費」の項目で集計する**と続きやすい。具体的には、次のように分けるとよいだろう。

「食べる、暮らす、遊ぶ」の場合

- 食べる→食費
- 暮らす→水道光熱費、家賃、日用品、衣服費、医療費など食費以外の暮らしに必要な費用
- 遊ぶ→習いごとや趣味、レジャー、交際費など

「消費、投資、浪費」の場合

- 消費→日々の暮らしに必要な費用（先の「食べる、暮らす」に当たるもの）
- 投資→将来のキャリアアップや知識を深めたり、生活を楽しんだりするための費用（習いごとなど）
- 浪費→買ったけど使っていないもの（最初は消費や投資だと思ってもあとで浪費だったと気付くこともある）

いずれの場合も「遊ぶ」「浪費」の項目から見直すが、ゼロにするとストレスがたまり、リバウンドして結局失敗する。ローンなどで

生活が切羽詰まっている場合は極力減らさないといけないが、そうでなければ一定額を確保したい。

　ＡＳＤ傾向が強い人はきちんと分けたほうが曖昧さがなくなるので、**細かい費目**で（代表例は婦人之友の家計簿）予算を組んで集計するほうが続きやすい。

　家計簿アプリの費目も細かい費目に分かれているので参考にしてもよいが、将来他のアプリに乗り換えることも考えると次のような費目で分けるとわかりやすいし、簿記の知識がある人は帳簿の仕訳費目を参考にするとよいだろう。

例としては、

- 食費
- 外食費（飲み会や食事会などは交際費）
- 水道光熱費
- 住居・家具（大型家電も）
- 日用品（小型家電も）
- 通信費
- 衣服費（クリーニング代も）
- 健康、医療
- 職業費（仕事をする上でかかった費用全般）
- 交際費（冠婚葬祭やプレゼント、帰省費用など）
- 教養・娯楽（習いごとや趣味、旅行など）
- 交通費（それぞれの費目に振り分けてもいい）
- 税金（天引き分や消費税以外のもの）
- 保険
- 公共費（寄付金など）

などで分けておくとあとで比較しやすい。比較できるよう曖昧なもの（たとえば家電や化粧品、美容院代）は最初に「ここ」と決め、予算を見直すとき以外は変えないように気を付けよう。もちろん自分の状況に合わせて増減してもよい。

　筆者は数年前から婦人之友の家計簿のルールを少しアレンジして付けている。予算の組み方や費目分けにかなり細かいルール（たとえば食費は栄養バランスと物価のデータから割り出す）があるが、予算が現実的な数字になって何にどのくらい使っているかがよくわかるので、その後はほぼこの形式で記録している。

　それまでも家計簿は付けていても結局収支の記録になってしまっていたが、この方式にしたら途端に預金残高が増えて予算の重要性を実感した。その後、夫も使えるよう家計簿アプリにしたら少し曖昧になってしまい、反省して夫と話し合ってルールと予算を見直した。

　月単位だとつい気が大きくなる人は、週単位か10日単位のほうが感覚をつかみやすい。家計簿アプリでも月単位の集計はしてくれるが、できたら表計算ソフトか紙に集計結果を記録し、累計や差引額を折に触れて確認しよう。63ページに集計結果の例を掲載している

「食べる・暮らす・遊ぶ」の場合

「消費・投資・浪費」の場合

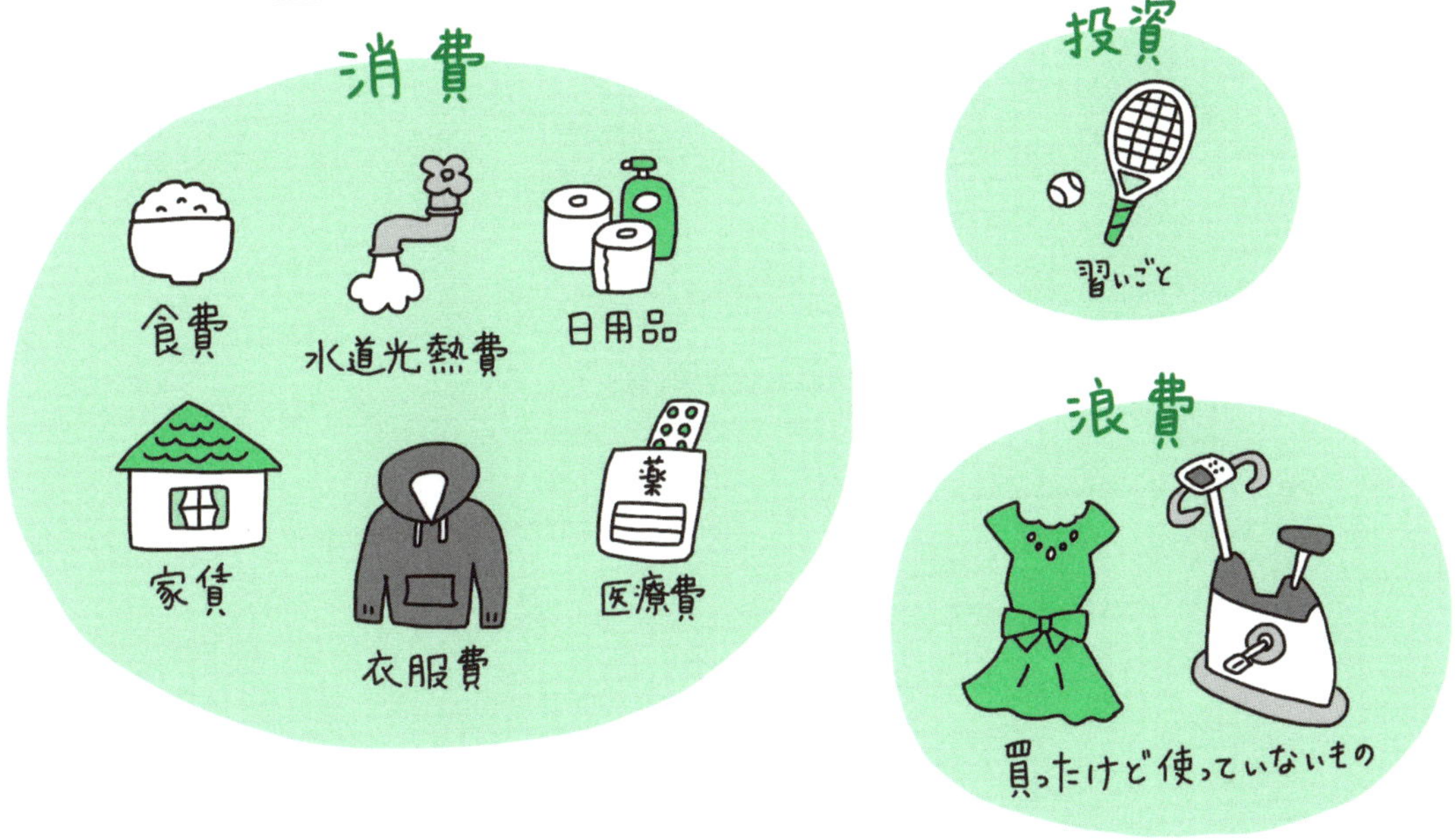

ので参考にしてほしい。

月単位だとつい給料日直後に使いすぎてしまい、給料日前はギリギリになりがちな場合は、1週間（4等分）や10日単位（3等分）で集計したほうがよい。前後に余ってしまう日は繰越分で調整する。

計算が苦手な人、集計作業が苦痛になる人は事前に銀行引き落とし分を差し引いた額を等分して決まった日に引き出し、そのお金だけで暮らす。クレジットカード決済をした場合は、その額を後日銀行に預け入れ、再び事前に決めた額を引き出す。

やりくりに慣れるまで、できるだけ買い物はクレジットカードを使わず、現金で決済したほうが「これだけ使った」という感覚をつかみやすい。ICカードも目安がわかるまでは現金でチャージしたほうがお金を使っているという実感が湧く。

買い物リスト（持ち物リスト）を作る

買い物に行くと本来買うつもりではなかったものを買ってきて、必要だったものを買い忘れた経験は誰しもあるだろう。1回の買い物ではたいした額ではなくても、それが積み重なっていけばそれなりの額になる。

ADHDの傾向が強い人はスーパーなどで「新商品」「限定品」という広告を見ると買いたくなる。

買う前に「本当にほしいのか？」と自問自答してみる、まず買い物リストにあるものを買ってみて、それでもほしいなら浪費用予算から出す、といったルールを設けよう。

一方でASD傾向が強い人は物へのこだわりが強いことが多いため、日常生活は節制しても自分が好きなものへは際限なくお金を使ってしまいがちな面がある。

そのため、「自分が好きなものを買う計画表」や「持ち物リスト」を作って金額を記入する、「△△としては安くてお得かもしれないが、〇円は××費1カ月分」と**日常生活の予算に置き換えてみる**。すると「似たようなものを持っているから、もう少し様子を見よう」「来月にしようかな」といった長期計画で考えられるようになる。

筆者の家はよく食べるもののマグネットを作り、冷蔵庫の横に貼ってある。なくなりそうになると気付いた人が冷蔵庫の前に移しておき、買い物に行く人がそれを買い物リストのアプリに記入する。さらに買い物に行く前と生協の注文を付ける前に家中のストックを確認して買いだめをしないようにしている。

集計結果の例

	予算	8月	9月	10月	11月	12月	累計	累計残高
税金	45,000	40,761	30,151				70,912	19,088
社会保険	79,000	63,361	55,022				118,383	39,617
副食物費	32,000	26,203	22,593				48,796	15,204
主食費	10,000	8,107	11,732				19,839	161
調味料費	8,000	3,494	7,285				10,779	5,221
水道光熱費	26,000	26,768	21,524				48,292	3,708
住居・家具費	145,000	135,779	146,579				282,358	7,642
衣服・美容費	7,000	3,717	11,713				15,430	−1,430
交際費(親族を含む)	10,000	4,100	11,707				15,807	4,193
教養費	6,000	4,726	1,412				6,138	5,862
娯楽費	30,000	0	50,463				50,463	9,537
保健・衛生費	20,000	17,654	15,495				33,149	6,851
職業費	120,000	96,638	83,406				180,044	59,956
特別費	9,000	4,179	9,711				13,890	4,110
公共費	2,000	0	0				0	4,000
純生活費	425,000	331,365	393,620				724,985	125,015

効率的な買い物リストの作り方

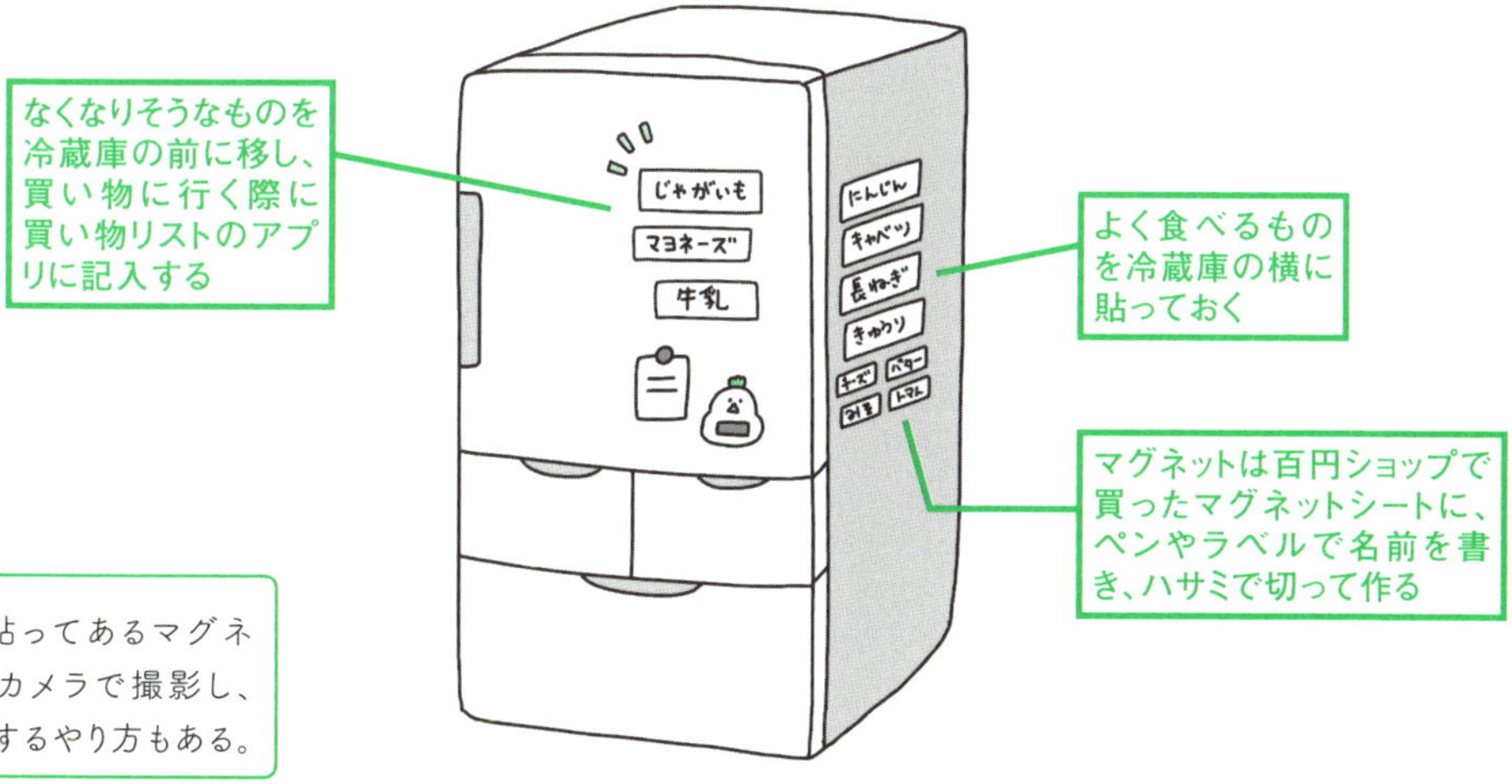
なくなりそうなものを冷蔵庫の前に移し、買い物に行く際に買い物リストのアプリに記入する
じゃがいも
マヨネーズ
牛乳
にんじん
キャベツ
長ねぎ
きゅうり
よく食べるものを冷蔵庫の横に貼っておく
マグネットは百円ショップで買ったマグネットシートに、ペンやラベルで名前を書き、ハサミで切って作る

memo

冷蔵庫の前に貼ってあるマグネットをスマホのカメラで撮影し、買い物リストにするやり方もある。

貯金ができない

対策

- コツコツと500円玉貯金をする
- 給与天引きの積立貯金で強制的に貯金する
- 生活口座と貯蓄口座を分ける

事例　「家を買うことにした」という同期の話に我に返る

久しぶりに大学時代の同期で集まって飲み会。転職や結婚といった話題もぼちぼち出てきて「そんなに月日が経ったのか」と思いつつ話に花を咲かせていた。

そんな中、当時親しくしていた友人の「家を買うことにした」という近況に驚いてしまった。聞けばかなり計画的に頭金を貯めていたらしい。正直貯金して家を買うという話はどこか他人事だったし、真面目に貯金すればそんなに貯められるのか！　とボーナスが入るとつい気が大きくなって使ってしまう行動を反省してしまった。

とはいえ、今までも一念発起して貯金を始めても長続きせず、生活が苦しくなったりほしいものがあるといつしかやめてしまっていた。何かあったときのためにも備えておきたいとは思うが、今の生活からどうやったら貯金するお金を捻出したらよいか見当が付かない。

原因　貯金の目的と必要性へのアプローチのミスマッチ

貯金ができないというと「意志が弱い」と思われがちだが、「貯金が趣味」「お金を使う時間や余裕がないから勝手に貯まる」という人以外は、**意志に頼らないアプローチが必要だ。**たとえ意志が必要だとしても、最初のモチベーションを保つには「貯金を続けること」に快楽や安心を感じるための仕組みも必要だろう。特にA

DHD傾向がある人は「快さ」を感じることがモチベーションになるし、ASD傾向が強い人は安心感や着実に成果が出ている（たとえば貯金残高が増えている）ことがモチベーションになる。

そのため、「何かあったとき」「老後のため」という漠然とした目的よりも、「半年後の旅行のため」「○万円の物がほしい」というは**はっきりした期間や金額を決める**ようにしよう。こうしたほうが続けやすいし、達成感も得やすくなる。

達成感を得た経験を何度かすることで、心の底から「貯金をするといいことがある」と理解できる。すると、「もう少し貯金額を増やしてみようかな」「車を買うための頭金を少し時間をかけて貯めよう」と意欲が出てくるようになる。自分に合った貯蓄法を検討してみよう。

解決法 強制的に貯金をする仕組みを作る

500円玉貯金をする

貯金をする習慣がなかった人は、まず貯金する楽しさを実感しよう。筆者は学生時代から**500円玉貯金**を続けている。お釣りで500円玉をもらったら貯金箱に入れるという単純なルールで、1年ほどで使っている貯金箱が一杯になるため銀行窓口へ持っていって預金している。500円玉にしているのは1年で4万円から5万円ほどと適度な

Column

体調の波を把握しよう

21ページのコラムで体力を付けることの重要性を説明したが、体力を付けると同時に自分の体調の波を意識しておこう。特に女性は生理とその前後に体調を崩しやすい傾向があり、感情的にもイライラしたり、落ち込みやすくなったりする。まずは生理や体重、排便、血圧、服薬など、興味を持った項目を記録してみよう（筆者は、「はかレポ」というスマホアプリで朝晩の体重と排便、生理を記録している）。

波をゼロにすることはできないが、アップダウンのカーブを緩やかにすることで、「そういえば以前より疲れにくくなっている」「予兆が来るのがわかって早めに寝るようになった」という変化が生じる。「手帳やスケジュールアプリの使い方がわからない」の項でも触れたが、このようなデータがあると医師の診察時にもより適切に自分の状況を伝えやすくなる。

大半の人は何となく感覚でできていることでも、意識して視覚化するまで翻弄されてしまうか、変化そのものに気付かないのも発達障害の特性を持っている人に多く出やすい特徴だ。事前に波をつかんでうまく付き合うのもこの三次元空間で生き延びる上でとても大事なことだといえる。

貯めがいがあり、貯金箱を開けたときに「こんなに貯まっている！」という達成感が大きいからだ。

「月4000円前後なら積立貯金でもいいのではないか？」と疑問に感じる人もいるかもしれないが、それは貯金ができる人の発想で、硬貨を貯金箱へ入れる、貯金箱の重さや貯金した額で達成感を味わう、という一連の動きをすることが重要なのだ。特に「快さ」を実感するには、貯めたお金は楽しいことに使ったり、さらに積み立てて目標額まで貯金したりするなど、より自分が楽しいと感じる使い道を半年から1年ほどかけて検討してみよう。

給与天引きの積立貯金をする

貯金をする場合、決まった額を毎月の給与から差し引いて積み立てる場合と、一定額以上の残高になったらその分を積み立てる方法がある。計画的にするなら給与が振り込まれた直後に毎月積み立てるのが確実だ。

もしも会社に福利厚生の一環として**財形貯蓄制度**があるならぜひ活用してみるとよいだろう。ない場合は、今利用している銀行口座の積立定期といった自動的に振り込まれるサービスを利用しよう。

生活口座と貯蓄口座を分ける

口座数が多くなると管理が大変だが、生活用と貯蓄用の口座が同じだと、「まだこれだけ残高があるから」とつい気が大きくなって引き出してしまいがちだ（特にADHD傾向が強い人が陥りやすい）。普段使わない分は定期預金や少し遠い銀行の口座など、**簡単には引き出せないところに移しておこう**。財布に貯蓄用の口座のキャッシュカードを入れない、ATMで使えないよう、あえてキャッシュカードを作らない、という対応をしておけばさらに引き出しにくくなる。

また、貯蓄口座を別にすると預金残高の数字が増えることが多いため、貯金の効果がわかりやすい。なかなか残高が増えないとストレスを感じて使ってしまう↓残高が減って罪悪感を覚える↓ストレスがたまるという悪循環に陥りやすい（ASD傾向が強い人に多い）ため、それを防ぐ意味でも貯蓄専用口座を作ることを勧めたい。

強制的に貯金ができる3つのやり方

① 500円玉貯金をする

- お釣りで500円玉をもらったら貯金箱に入れる
- 1年ほどで貯金箱が一杯になるので、銀行窓口へ持っていき預金する
- 1年で4万円から5万円が貯まり、達成感を得やすい

② 給与天引きの積立貯金をする

- 計画的に貯金をしたいなら、給与が振り込まれた直後に積み立てる方式にする
- 会社に財形貯蓄制度があるのなら、積極的に利用する

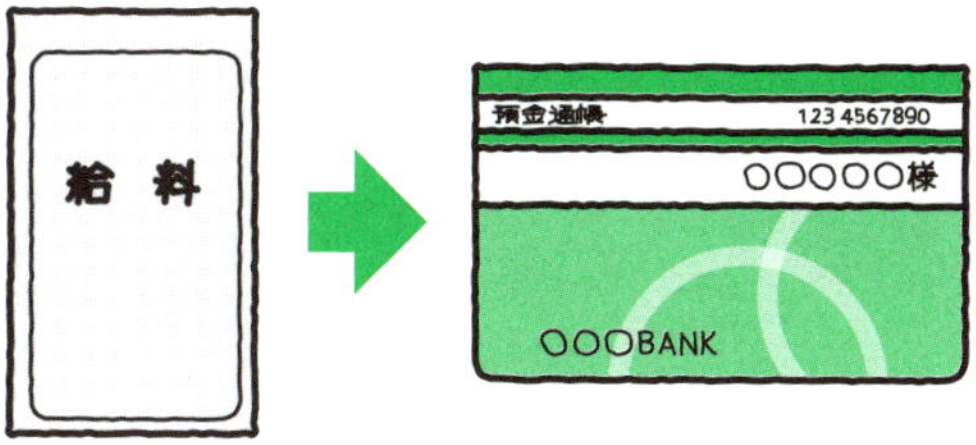

③ 生活口座と貯蓄口座を分ける

- 普段使わない分は簡単には引き出せない銀行の口座に移す
- 財布に貯蓄用の口座のキャッシュカードを入れない
- ATMで使えないよう、あえてキャッシュカードを作らない

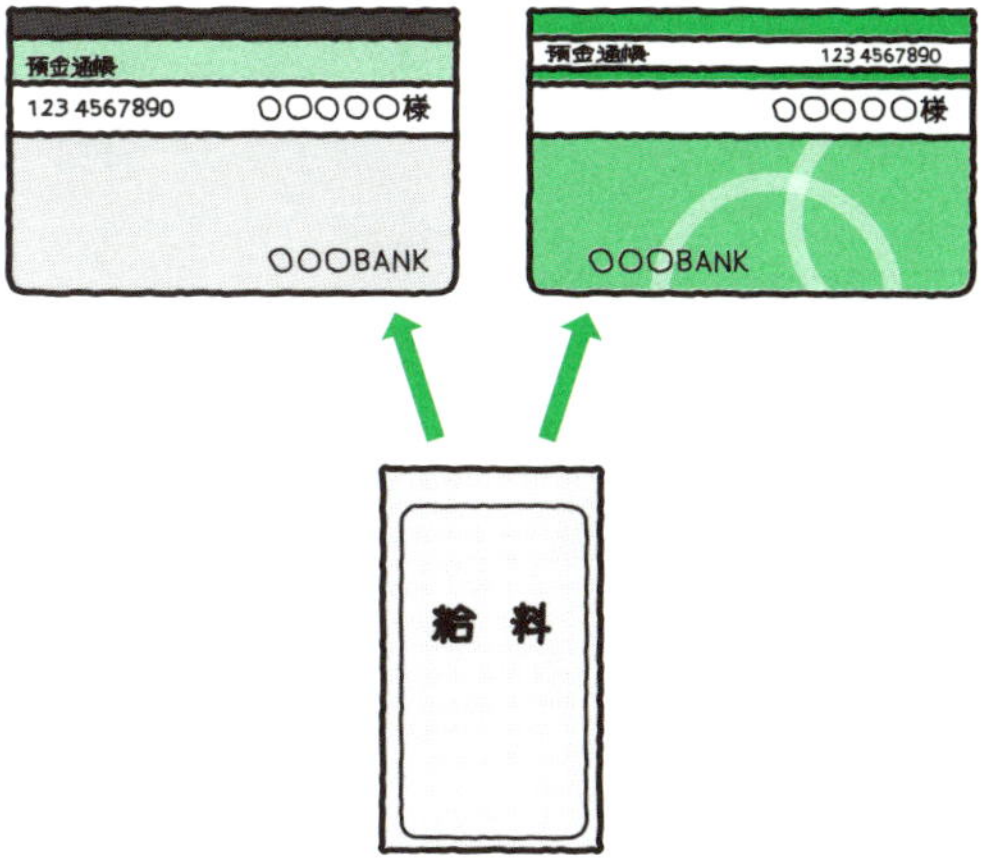

急な出費に慌てる

対策

- 年間スケジュールを見て出費が多い予定などを把握する
- 予定額を準備金として少しずつ貯蓄口座に貯める

事例　すっかり忘れていた車検！急な出費に大慌て

　ある日郵便ポストを見るとディーラーから車検の案内が届いていた。それを見て思わず「あ……」と声が出てしまった。というのも車検のことをすっかり忘れていたのだ。

　前もってわかっていることなのに案内はがきが届くまで思い出せず、いつもはがきが届いてから「今回はいったいいくらぐらい費用がかかるのだろう？」と不安になる。

　おまけに先週遠方に住んでいる祖父が倒れて入院したので急遽見舞いに行くことが決まってしまい、仕方のないこととはいえ出費がかさむ状況になってしまった。幸い元気になって近日中に退院できそうだが、本格的に介護が始まると度々様子を見に行くことを考えないといけないかもしれない。

　突然お金が必要になることがあると、そのときは「貯金しなくちゃ」と思うが、予定が終わるとすっかり忘れてしまう。将来何かあったときのためにもっとお金を準備しておきたいと思うがどうしたらよいのだろうか。

原因　予定を前もって確認し、必要なお金を準備する習慣がない

　お金を貯められる人と貯められない人の差は、**「お金と時間という異なる概念を結び付けることができるかできないか」**だろう。

　前もって予定を把握し、それに向けて費用を見積もって少しずつ

お金を貯めることが自然にできる人はストレスなくお金を貯められる。

一方、予定があることは理解していても、それに向けて必要なお金を準備するという発想がなければ、突然お金が必要となる場面が来て慌ててしまう。

発達障害の人でお金に関する悩みが多いのも、このような異なる事柄を結び付けて考えることが苦手なことが一因にある。

お金自体は金額以外はっきりした尺度がなく、漠然と使うとなくなってしまう性質がある。そのため、自分たちで必要に応じて金銭を振り分けておくことが重要だ。予算を決めるのは将来必要とされる出費を見積もることだし、家計簿はその根拠となるデータを正確に知るための記録と思えばよいだろう。

解決法 年間スケジュールを見て出費が多い予定などを把握する

第2章では前もって予定を把握しておけば忙しそうな時期が把握できるメリットを述べたが、実は事前のスケジュール把握は金銭面でも大きな効果がある。前もって大きな出費がわかればそれに応じて資金を少しずつ貯められるし、

Column

便利なスマホアプリ

本書でもさまざまなスマートフォン用アプリを紹介しているが、アプリの利点はある機能やサービスを強化していることに尽きる。また、クラウドサービスを使う際、いちいちログイン画面からアカウントやパスワードを打ち込む手間も省いてくれる。

既存のサービスをより使いやすくするタイプのものもあり、「こういうことができるといいな」と思って調べてみるといろいろと見付けることができる。また、改善点について「この機能も付けてほしい」と要望を出すと取り入れてもらえることもある。

スマートフォンを購入するとあらかじめインストールされているものもあるが、筆者が入れておいたほうがいいと思うアプリは、

- メール
- スケジュール
- タスクリスト
- 乗換案内
- ごみの捨て方アプリ
- 家計簿
- パスワード管理
- SNS
- よく行くお店のポイントカード

タブレット端末に入れておくと便利なのは、

- 電子書籍リーダー
- ワープロ、表計算ソフト
- PDF閲覧

あたりだ。他にも体調管理や家電の取扱説明書、電子マネーなどを事情に合わせて導入するといいだろう。

筆者はあくまでもスマートフォンを道具と考えているため、アプリを入れる場合、①面倒な操作や設定がないか（覚えることが多いと導入した意味がない）、②それを入れることで今よりも快適になるか、③出費と利益のバランスは取れているか、を判断材料にしていて、年に1、2回見直しをしている。一方で夫が新しい操作を覚えるのが苦手なため、彼と共有しているアプリはできるだけ入れ替えない。

スマホを自分の中の自由空間と考えている人もいるだろうし、通信できるゲーム機と考えている人もいると思う。まず自分は何のためにスマートフォンを持っているのかを考えてみるといいのかもしれない。

「大きな出費があるから少し節約しよう」といった無駄な出費を抑えることもできる。

ＡＤＨＤ傾向が強い人の場合、時間感覚が弱いことに加えて衝動性の強さが支障になりやすい。そのため、あらかじめ必要なお金を事前に分けておく仕組みを導入しよう。先に述べた積立貯金や貯蓄口座として別にしておけば、年単位の出費や臨時出費はそこから捻出することもできる。

筆者は予算を立てる際、車検や親戚との交際費など**前もってわかっている予定は、次ページのように毎年最初におおまかな費用を見積もって予算に組み込んでいる。**予算に組み込んでいるから貯蓄用の預金を引き出したり解約したりしなくても済むメリットがあるし、できるだけ全体の生活費を変えずに無駄な出費を減らそうという確認の意味合いも含めている。

ＡＳＤ傾向が強い人の場合は突然の出費にパニックになり、それまで頑張っていた貯金を取り崩し、さらにそれがストレスになって……という悪循環に陥りやすい。もしくはお金を使うことに罪悪感を抱き、必要な出費を抑えてしまうことで本人や周囲が不満を感じてしまう結果に終わることもある。お金は必要なときに使ってこそ効果があるが、いつが使いどきなのか判断が難しいため余計不安になりやすい。まずは1回分の帰省や冠婚葬祭の費用を別に取っておくことから始めてみよう。はっきりしない場合は5万円や10万円といったきりのいい額から始めるとよい。

それでも不安な人は**ライフプランを作ってみる**とお金がかかる時期が見えてくる。ネットなどで無料で作ることもできるし、ファイナンシャルプランナーに相談するとより詳細に作ってくれる。ただし、詳細な出費がわからないと正確なものはできないので、きちんと知りたいなら家計簿を付けることが必須だ。

予定額を半年から1年かけて準備金として少しずつ貯蓄口座に貯める

年間にかかる費用を見積もるとかなりの金額になって、「え？　こんなに貯めるの無理！」と思った人もいるかもしれない。しかし、年に10万円貯めるなら月だと8300円前後で1日当たりは約300円となる。つまり毎日カフェでコーヒーや飲み物を買う習慣があるなら、無意識のうちに年に10万円近く使っていることになるし、回数を減らして少しでも貯金に回せれば毎年10万円貯金は決して非現実な額ではない。

積立貯金が少額でも威力を発揮するのは時間という尺度を上手に利用しているからで、逆に見れば少額の出費でも塵も積もればそれなりの額になるのも同じ理由だ。だとしたら時間とお金をうまく組み合わせて有効に活用しよう。

筆者は**毎年最初に見積もった大きな出費をさらに月割りにしている**。これは準備金として積立貯金をしているのと同じことなので、他の月は油断せずできるだけ出費を抑え、大きな出費のあとは引き締めつつ多少マイナスでも年末に黒字になればよいという作戦だ。これだと全体的な支出の見直しや予算を立ててみたい場合におおいに力を発揮する。

生活費に組み込むとつい使ってしまうという人や、家計簿で予算管理する習慣に慣れていない人は積立貯金作戦がやはり現実的だろう。以前、あるADHD当事者も「『準備金として資金を積み立てるといい』とファイナンシャルプランナーにアドバイスされてから、この手の貯金ができるようになった」と教えてくれた。

どちらがよいかは、今はまずお金を貯める習慣を身に付けたいのか、今後家計簿を付けたり家計を見直したりしたいのかといった目的に沿って決めてみよう。もちろん貯金する習慣を身に付けたら家計の見直しをするための方法に切り替えるといった段階的なステップを踏むのもよいだろう。

前もってわかっている予定は あらかじめ予算に組み込んでおく

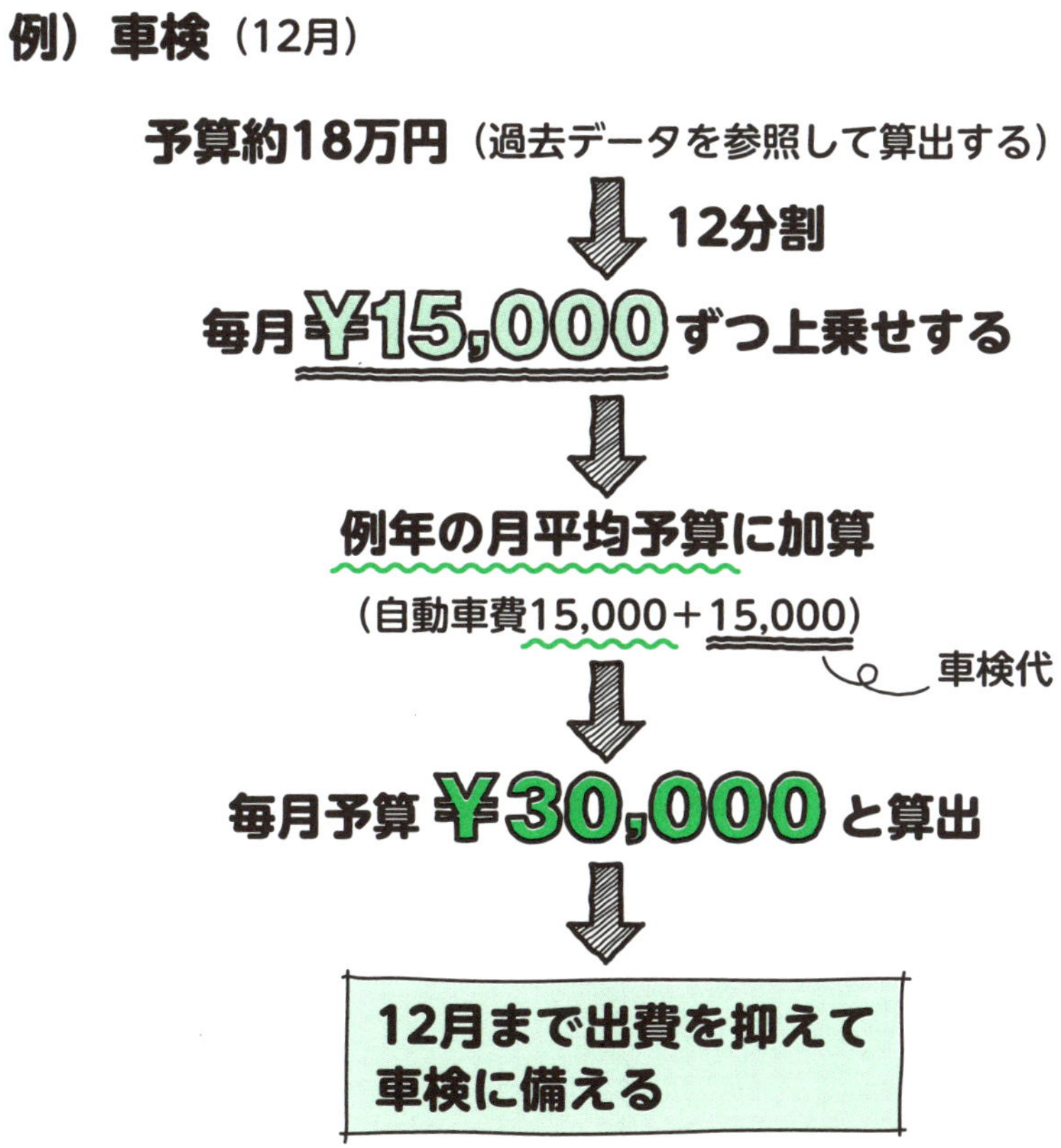
例）車検（12月）
予算約18万円（過去データを参照して算出する）
12分割
毎月¥15,000ずつ上乗せする
例年の月平均予算に加算
（自動車費15,000＋15,000）
車検代
毎月予算¥30,000と算出
12月まで出費を抑えて車検に備える

カードを使いすぎてしまう

対策

- ○クレジットカードや電子マネーの使用は極力控える
- ○所有するクレジットカードの枚数を減らす
- ○クレジットカードの限度額を下げる

事例 カード引き落とし予定額を見てビックリ!

家計簿アプリから「引き落とし額が口座残高よりも多いため注意」という通知が来たのでアプリを開いて確認すると、いつもより3倍近い額になっていて一瞬我が目を疑ってしまった。

「いったいいつそんなに使ったのだろう?」とカード会社のサイトを開いて利用明細を確認すると、先日買った洋服代と旅行代、そして年払いにしている生命保険料の支払いが重なって普段より多くなっていた。その他にも電子マネーへのチャージ額も大きくなっていて、すべて自分が利用したとはいえ、このまま闇雲に使い続けていたらさすがにまずいぞと不安になってきた。

カード払いは便利だし記録に残るからとついつい使っているが、現金だと「小銭を出すのが面倒だからやめようかな」と思うようなときでも、カードや電子マネーだとすぐに払える分、気軽に買い物をしている気がする。それに交通系電子マネーは改札で止められないよう、オートチャージにしているから無頓着になっていたかもしれない。

かといってすべて現金払いにするとストレスがたまってリバウンドしかねない。どうしたらストレスなくカード利用をコントロールできるのだろう。

原因　実感を伴わない無意識な出費が続いた結果、総額が膨らんでしまった

ここ10年ほどでクレジットカードや電子マネー決済ができる店舗が大幅に増えた。利用者からすれば現金を持ち歩かなくてよいし、店舗側も現金を扱わなくて済むため急速に普及している。

一方で手持ちの現金が足りなくてもほしいものが買えることで不要なものを買ってしまう頻度が増えてしまうデメリットもある。また、現金だと実際に貨幣をいじるため、「今いくら払った」と金額を意識できるが、クレジットカードや電子マネーは数字を確認するだけなので数字を量として実感しづらい。

実は、金銭管理に必要なのは数字（金額）を操作する能力もさることながら、**出費が実生活の中でどのくらいの割合を占めるのかを感覚で理解すること**である。「今月は出費がかさんでいるな」と感覚的に察知していれば自然と出費を抑えられるが、クレジットカードや電子マネーではその機能が働きづらい。

さらに、最近はネット通販などで買い物へのハードルが下がっていることに加えて、ネットの有料サービスやゲーム課金といった「無意識な出費」がとても多い。現代社会は便利さと引き換えに実感を伴わない出費が増加しがちなことをまず意識しよう。

特に発達障害の人は特性として**実感を伴わないことを認識しづらい**面がある。

ＡＤＨＤ傾向が強い人は、「ほしい！」という感情が先に立つ上に、買い物へのハードルが低ければどんどん買い物してしまう。

一方、ＡＳＤ傾向が強い人はＡＤＨＤの人と出費項目は似ているが、趣味や好きなものへ投資する、もしくは「持っていると便利かも」「ないと不安」といった見通しが立たないことから生じる出費がかさみがちだ。

だからといって現代社会でクレジットカードや電子マネーを使わない生活は不便極まりないし、割引サービスやポイント還元といったメリットもある。上手に活用する方法を探って自分に合った使い方を見付けよう。

解決法　しばらくの間は固定費のみをクレジット払いにする

本当に節約したい場合、最もシンプルなのはクレジットカードや電子マネーを使わずに現金決済と口座引き落としで暮らすことだ。スーパーで安売りしているとつい不要なものも買ってしまうし、ク

カードを使いすぎない4つの方法

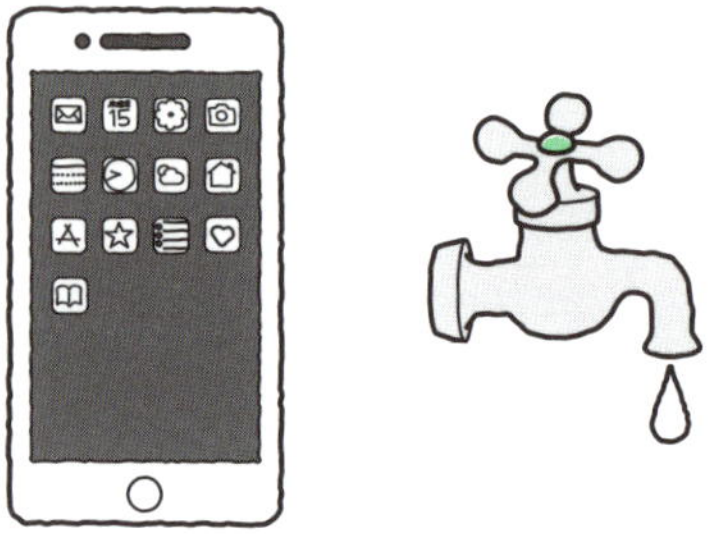

定期的な支払いにのみ利用する

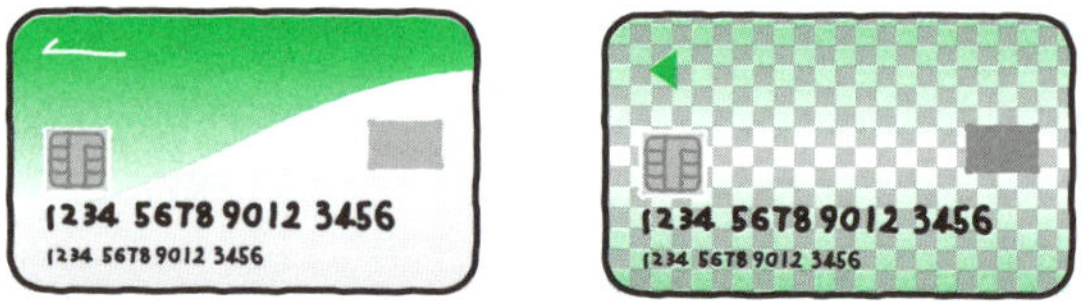

カードは2枚のみにする

デビットカードや
プリペイドタイプの
カードに切り替える

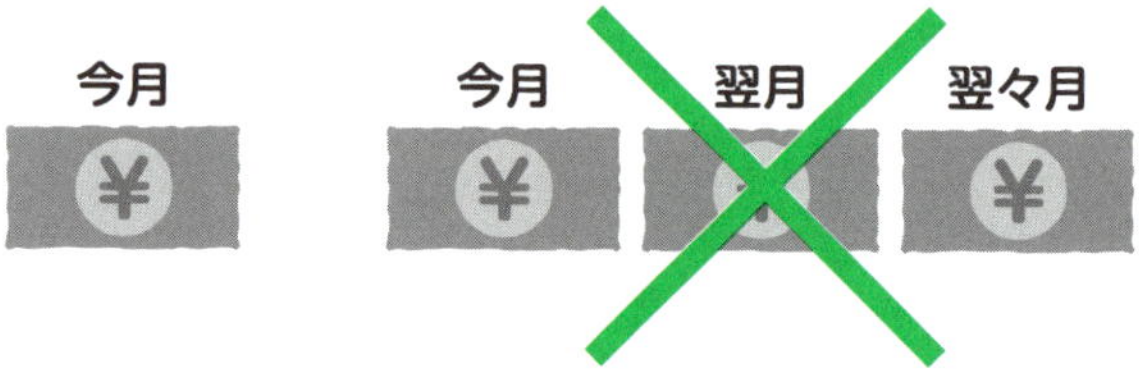

一括払いのみにする

レジットカードや電子マネー用端末へのインフラ整備にお金をかけていない分、実際は現金決済のみのお店のほうが価格が安いことも多い。家計管理も現金と預金口座の出入りだけ確認すればよく、ずっと簡単になる。

しかし、クレジットカードなしだと現代社会ではかなり不便だ。それに携帯電話を格安SIMで利用する場合、大半はクレジットカード払いが条件になっているし、光熱費や税金、交通費といった日々の暮らしで必要な支払いでポイントが貯まるならそれをうまく活用したい。

そこで、使い方の傾向をつかむまでクレジットカードは携帯電話などの**定期的な支払いのみに利用**し、外出時には現金で支払ってみよう。

すると、次第にどんなときにカードを使っていたのか、どの店をよく使うのかといった今まで無意識だったお金の利用状況が見えてくる。

　電子マネーも当面の間は交通費や税金の支払いといった現金でも絶対支払うものだけにして、飲食物などは現金で払ってみよう。すると、「カードが使えるお店へ行こう」「電子マネーを持っているからあのコンビニ」という発想から、「あのお店のほうが安い」「財布を出すのが面倒だからお昼まで我慢しよう」へと視点が変わってくる。

　家計簿への記入が面倒かもしれないが、経費など細かい金額が必要なもの以外は使途不明金が出ないよう数日分まとめて項目別に記載し、合わない分は残高調整すれば問題ない。それで使い方の傾向が見えてきたら、その習慣はできるだけ変えないようにして少しずつカードや電子マネーへ切り替えていこう。

クレジットカードは2枚にして限度額も下げておく

　クレジットカードは、使いすぎを防ぐためにもできれば1枚ですべてを賄いたいが、カードごとに一長一短があるため、1つのカードには絞り込めないことが多い。だからといって、あれもこれもと所有するのも無駄遣いにつながってしまうことから避けておきたい。

　そこで、まずは**メインで使用するカードを決め、そのメインのカードでは不足している面を補うサブのカードの2枚（どうしても難しいなら3枚）に絞るようにしよう。**

たとえば、

- メインとして使用するのは一番よく行くお店で割引が受けられるカード、サブは交通系（交通系ICカードへチャージできる、ガソリンが安くなる）カード
- メインはポイント還元率が高いカード、サブはよく行くお店で割引が受けられるカード

という視点で選んでみると、どのカードにすればよいか決めることができるだろう。この機会にほとんど利用していないのに年会費だけかかっているカードがあったら解約しよう。

　利用額が多いとつい気が大きくなって使いすぎてしまう場合は**利用限度額を下げる**のも効果的だ。クレジットカード利用歴が長いと更新時に利用限度額が増額していることがあるが、カード会社へ申請すると限度額を下げてくれる。盗難の際のリスク軽減にもなるので、同時にキャッシングの限度額も最低限にしておこう。きちんと利用額を支払えていれば急な出費の際は連絡すると一時的に限度額を上げてくれる。

　経費の支払いにもクレジットカードを利用している人の場合は、

経費用のカードを決めて、それ以外のカードの利用額を下げる、家計簿アプリで利用額のアラートを設定し、その額を超えたら警告してもらうといった予防をしてみよう。

デビットカードやプリペイドタイプのカードに切り替え、予算額以上使えなくする

しかし、中にはこれだけだと対策が不十分という人もいるだろう。特に自分がいくら使ったか把握していない人の場合、たとえ所有するクレジットカードの枚数を制限しても、それでもついつい使いすぎてしまう。

そんな人は、どうしてもクレジットカードでなければ支払うことができないもの以外は、しばらくの間は**デビットカードやプリペイドタイプのカード**で支払ってみよう。

デビットカードやプリペイドタイプのカードは、日本では最近普及し始めたものなので、はじめて耳にした人もいるかもしれない。

デビットカードは、利用後すぐに銀行口座から引き落とされる（そのため銀行が発行していることが多い）カードで、銀行の預金残高以上には利用できない。口座に金額と残高が反映されるので、家計簿アプリと連動させるとより効果を発揮する。1日の限度額も設定できるので、普段は低めに設定しておくとさらに使いすぎを防止できる。

プリペイドタイプはチャージするとその分だけ利用できるもので、こちらも最近ポイント還元率が高いものが出てきたこともあって節約志向が高い人の間で話題になっている。ただし、**利用する上限を決めて入金する**といったルールを設けることが重要だ。

電子マネーも「残金がなくなったから」と漫然とチャージしていると、際限なくチャージしてしまうので要注意だ。オートチャージは確かに便利で筆者も愛用しているが、毎月必ず金額を確認するようにしている。主に利用するのは交通費や税金といった必要な支出を中心にし、自販機の飲み物や売店での買い物といった浪費につながりやすい出費はオートチャージにしていないサブの電子マネーを利用している。

中には「面倒だな」と感じた人もいるかもしれないが、残念ながら今の消費社会は面倒くささを省き、簡単に支払う方向へ誘導するきらいがある。実際、たまに家計簿を見直すと「お試し期間中だけと契約したけれど利用していない有料サービス」や「改定で当初の見込みより利用できなくなった優待」が必ず見付かる。解約が面倒だと思うのなら契約時によく検討したほうがよい。特に最初は無料もしくは割引で利用できるサービ

スでも、途中から有料もしくは値上がりするタイプのものは要注意だ。

分割払いやリボ払いをせず、一括払いのみにする

カード会社から時折リボ払いへの切替案内が届くので内容を確認すると、ポイント・キャンペーンといった一見メリットが大きそうなことが書いてある。しかし、分割やリボ払いは**借金の先送り**であり、金利がかなり高い点が意外と見落とされがちだ。

この手の返済（住宅や自動車などのローンも含む）は複利計算なので、金利だけ見ているとつい低いと思っても実際は相当の金利（手数料）を支払っている。

金利の目安を知るために「72の法則」というものがある。72を金利で割ると返済額が2倍になる年数がわかるというもので、たとえば年利15%（リボ払いの平均的金利）というとピンとこないが、計算すると約5年で返済した場合、総額は借りた額の2倍になることがわかる。今リボ払いをしている人は明細などを確認し、返せるなら繰り上げ返済しよう。

中にはリボ払いの仕組みをうまく活用してポイントを稼いでいる人もいるが、支払日に合わせて支払額や引き落とし額などを設定するといったこまめにチェックして対応するスキルが必要だ。

分割やリボ払いは借金する心理的なハードルを下げる。借金に慣れるとそれを当てにして支出が増加し、それを補うためにまた借金という悪循環に陥りやすい。返済できるから大丈夫と思いがちだが、生活レベルを上げるのは簡単でも下げるのは難しい。お金とうまく付き合うためにもお金に振り回されない状況を作ることが必要だ。

72の法則とは？

たとえば、年利15%の場合

72÷15＝4.8

つまり、元金を返さないままだと
約5年で返済額が借りた額の倍になる

外食費がかさむ

対策

- 外食の予算や回数を決める
- すぐに食べられる食材を活用する
- すぐに作れるレシピを数品マスターする

事例　ラクだからと外食が続いたら……

最近仕事が忙しくて朝ギリギリまで寝ていることが増えた。起きたら身支度するのに精一杯で食事せずに出勤し、朝礼前のデスクでおにぎりを食べ、昼食は近くの定食屋かラーメン屋などでササッと済ませ、夜も開いているスーパーやコンビニで買ってきた惣菜を自宅で食べるという生活になっている。

先日、同じく一人暮らしの同僚の食費が自分の額の半分と聞いたので、思わず「どうやって節約しているの？」と聞いたら、休日にまとめ買いして作り置きしたおかずを使いまわしていると教えてくれた。

「そんなに難しくないよ」とその人は言うが、もともと料理が得意ではなく真似できる気がしない。とはいえ外食費がかなりかかっているし、栄養バランス面でももう少し改善したい。何かよい方法はないのだろうか。

原因　料理を生活に取り入れるポイントに気付きにくい

日常生活を送りながら毎日食事の支度をするには、①一度に複数のことをする（例：レンジでご飯を温めながら材料を切って鍋に入れる）、②調理手順の手を抜くところと手を抜けないところを見極める、③予算、栄養バランス、入手可能な材料、好き嫌いといった調理手順以外の項目も考えて適宜組み合わせる、といったいくつものステップを経てようやく軌道に乗せられる。しかし、発達障害の人にとって、これはかなりハードルが高い。

①はADHDや発達性協調運動障害、②はASD、③はすべてのタイプの発達障害の人にとって支障になりやすい項目といえる。

そのため毎日の生活に追われていると食事に時間をかける余裕がなくなってしまい、だんだん外食やコンビニなどの惣菜に頼りがちになる。最近は安くて待たずに食べられる店も増えているから、

「今日は疲れているから」「いつも頑張っているし」と何らかの理由を付けて利用したくなる。

とはいえ毎食外食にすると、どんなに節約しても1食500円前後はかかるので、3食外食すると最低でも1日当たり1500円、1カ月だと45000円とかなり出費がかさむ。特にADHD傾向が強い人は、**つい目の前の「ラク」に流されやすい**ので要注意だ。

一方で、すべて自炊で賄うのも現代の生活では必ずしも合理的ではない。特にASD傾向が強い人は「弁当も一から作って節約せねば！」と**高い目標を掲げがち**だが、食事の支度にエネルギーを注ぎすぎて仕事などに支障をきたしたら元も子もない。

今は一人暮らし世帯や共稼ぎ世帯が増えたこともあってか、スーパーやコンビニへ行くと手軽に食べられる惣菜類や冷凍の半調理品がかなり充実している。家で食事する機会が少ない一人暮らしなら食材を無駄にしなくて済む、あれこれ調理道具をそろえなくてもよい、といったメリットもあるのでうまく利用したいところだ。

解決法　外食の予算や回数を決める↓朝晩はできるだけ自宅で

働きに出ていると、昼食は外食という人が多いだろう。社員食堂があって安く利用できるならぜひ活用したい。社食がなくてもオフィス街には栄養バランスが取れた定食をランチに出してくれるお店があちこちにあるので、気分転換に利用したい。

節約したい人はコンビニやスーパーを味方に付けよう。今は弁当類も栄養バランスを意識したメニューや、デスクワークでほとんどカロリーを消費しない人向けに少

量にしてあるものなど、豊富なメニューがそろっている。惣菜類も充実しているから1食500円前後でも栄養バランスが取れたものを食べられる。

気を付けたいのは、

- 糖質や脂質および塩分の取りすぎに注意（カップ麺やおにぎり、菓子パンだけというのは避ける）
- ビタミン、鉄分、カルシウム（青菜や乳製品、大豆製品、海藻、ナッツ類に多い）や食物繊維を意識する
- カロリーは適切に（デスクワークの男性は1日当たり2200キロカロリー、女性は1800キロカロリー前後が目安）

ということだ。

もちろんこれは目安なので、健康上の理由などで食事管理が必要なければ**数日単位でバランスが取れるように調整**すれば大きな問題にはならない。たとえば、飲み会が入ったら前後数日で飲み会の際に不足しがちなもの（野菜や食物繊維など）を多めに食べるようにし、多くなりがちなもの（糖質、脂質、塩分）は少し減らす（ご飯などを小盛りにし、間食や甘い飲食物を控えるなど）というおおらかなもので対応しよう。

朝は何とか自宅で取れそうだが、帰宅時間が遅くなって外食になりがちな場合は18～19時前後にまずおにぎりやバナナなどの糖質を取り、帰宅後は具だくさんの汁物（味噌汁やスープなど）を食べる、もしくは春雨スープや牛乳寒天といった食物繊維が豊富で低カロリーなものを職場で食べて空腹をしのぎ、帰宅後に夕飯を食べるとよいだろう。

すぐに食べられる食材を活用する

筆者は、以前職場にシリアルや野菜ジュース、フリーズドライの野菜スープを買い置きしてヨーグルトだけ当日に購入し、昼食時にシリアルにヨーグルトをかけて食べ、仕事の合間に野菜ジュースや野菜スープ、時折みかんやバナナといったすぐに食べられる果物を取っていた。

シリアルはすぐに食べられるから朝食にもよいだろう。日本の食生活では摂取過多になりやすい塩分を抑えられる上に、不足しがちな食物繊維やカルシウムを補うことができる。

また、包丁やまな板を使わずに調理できる半調理品や冷凍食品もいくつかあると料理が億劫にならない。乾燥わかめやきざみ昆布に春雨、ツナやミックスビーンズ、ひじきの缶詰、冷凍のシーフードミックス、ほうれん草、アボカド、きざみ油揚げやカット済豆腐は筆者も愛用している。他にも日持ちがするパックのごぼうサラダや白和え、アジの南蛮漬け、サン

外食の際に気を付けたい3つのこと

糖質や脂質、塩分の取りすぎに注意

ビタミン、鉄分、カルシウム、食物繊維を意識する

カロリーは適切に

マの蒲焼き缶などを用意してある。他には牛乳やヨーグルトに卵や納豆、マヨネーズやめんつゆが冷蔵庫にあれば便利だし、一人暮らしならカット野菜も活用したい。

ASD傾向が強い人は味覚過敏があって混ざった味付け（筆者も子どもの頃は和食特有の甘辛い味付けが苦手だった）やミックス食材が苦手なことがあるので、その場合は単品のカット野菜や冷凍食材から活用するとよい。

疲れて帰って料理する気が起きなくても、市販のわかめスープに春雨やレンジで解凍した冷凍豆腐を少し入れればそのままよりも栄養バランスが向上する。**料理する気になること**が第一歩だから、高いハードルを作らず、「おかずの入ったパックを開けて食べる」「電子レンジでご飯を温める」に少し手を加えることから始めよう。

すぐに作れるレシピを数品マスターする

料理の基本ステップは、

- 材料と料理器具を用意する
- 洗う
- 切る
- 加熱する
- 混ぜる（食材もしくは調味料）
- 盛り付ける
- 食べる
- 食器を洗ってしまう

の組み合わせになる。この中で「切る」「加熱する」「混ぜる」「食器を洗ってしまう」はできるだけ簡単にしたい。そこで半調理品や冷凍食品、マヨネーズやめんつゆといった食材を活用すれば味付けの手間が省けるし、包丁やまな板を使わずに料理できれば洗い物も減らせる。

たとえば、買い置きの例に挙げたミックスビーンズ、レンジ解凍したアボカドとツナ缶にドレッシングかマヨネーズを和えればおかずになり、あとはご飯かパンがあれば1食賄える。

ドレッシングやマヨネーズは加熱料理の調味料としても使える。カット野菜やシーフードミックスと炒めてもよいし、切った肉や魚をつけ置きして冷凍すれば、帰宅後に必要分だけ出して焼くだけでもおかずの一品になる。

ASD傾向が強い人はラクをすることに罪悪感を覚えたり、最初に覚えたレシピから味付けや材料を変えたりすることに抵抗があるかもしれない。しかし、**家事（特に料理）は基本「絶対これ！」がない世界**なので、もっとラクにできないか、他の食材や調味料で代用できないか、という発想の転換も大切だ。「意外と大丈夫だった」という経験が世界を広げるきっかけになるのでいろいろ試してみよう。

外食を減らすための工夫

すぐに食べられるものを常備しておく

シリアル

野菜ジュース

みかん

市販のものに加えられる食材を活用する

乾燥わかめ

きざみ昆布

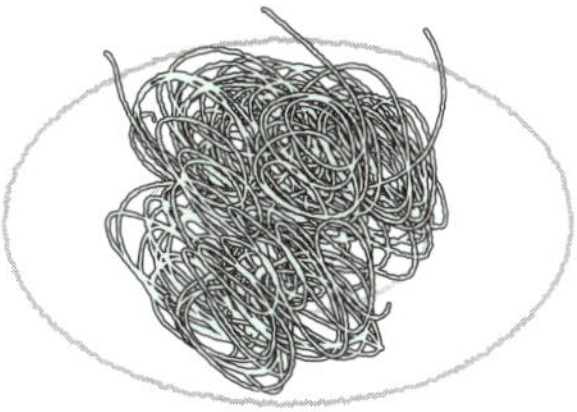
春雨

そのままおかずになるものを活用する

ツナの缶詰

冷凍のシーフードミックス

カット野菜

引き落とし日を忘れて残高不足

対策

- インターネットバンキングやコンビニＡＴＭを活用する
- 家計簿アプリでアラート登録

事例

毎月の引き落とし日を忘れてしまい、残高不足で引き落とせない

携帯電話を見たら不動産会社からの不在着信があり、折り返し掛け直すと「家賃の引き落としができない」という連絡だった。

「あ、しまった！」と慌てて仕事帰りに最寄りの銀行のＡＴＭに駆け込んだが、他の口座からの引き出しと振込みで手数料がかかってしまった。

以前クレジットカードも引き落としの翌日に気付いて真っ青になったことがあり、それ以来気を付けていたつもりだがまた同じことをやってしまった……。

原因

うっかりミスの認識と残高不足を未然に防ぐ対策が不十分

どんな人でもうっかりミスは必ずする。それに対して多くの人は、「そうならないように気を付ける」という回答になるだろうし、それで未然に防げているかもしれない。

しかし、さらにもう一歩進めて**「気を付けなくても未然に防ぐシステム」を作っておくこと**が発達障害の人にとっては必要である。

ＡＤＨＤ傾向が強い人は忘れっぽいという特性がある。また、日時の感覚が身に付きにくく、気が付くと時間が過ぎ去っているということもめずらしくない。

ＡＳＤ傾向が強い人は記憶力が優れている人が多いためうっかりミスは少ないものの、ほとんど使わないカードの引き落としや年に1、2回程度の税金の払込みなど、いつものパターンと異なる支払いを忘れることはある。

いずれにせよ、気を付けるための努力をするという手もあるが、「自分はこの手のことが苦手だ」という事実を認識してさまざまなツールの助けを借りるほうが合理的だろう。

解決法 インターネットバンキングやコンビニATMを活用

最近は給与振込みなどに指定している銀行口座ならば、時間外やコンビニで利用しても手数料が24時間無料といった手厚いサービスを受けられることが増えてきた。また、インターネットバンキングを利用すると残高や利用しているサービスによって、振込手数料が一定回数無料になったり割引になったりすることが多い。気が付いたときにわざわざ外出しなくてもすぐに振り込めるし、「今、残高いくらかな?」とPCやスマホなどから確認することも可能だ。振込みは抵抗があるという人は最低限のパスワードだけで使える残高照会だけでも利用してみるとよいだろう。

事情により給与振込口座と生活資金の引き落とし口座が違う人もいるかもしれないが、特にADHDタイプの人は管理する口座が多いとうっかりミスが誘発されやすい。できたら**給与振込みと生活資金の口座は1つにまとめ、天引きする貯蓄用口座を別に作ったほうがお金の流れをチェックしやすい**だろう。

家計簿アプリでアラート登録する

ASDタイプの人は不意の出費など、日常の生活パターンと異なる出費で慌てることが多い。そのため、**家計簿アプリとインターネットバンキングの口座を連携させよう**。設定しておけば銀行残高をすぐに確認できるから、ADHDタイプの人にももちろん有効な対策である。アプリであらかじめ設定しておけば引き落とし予定額より残高が少ないとアラートが出てくる。次ページに、例として「マネーフォワード」のインターネットバンキングとの連携のやり方を紹介する。他にも多くの家計簿アプリがインターネットバンキングの口座と連携させることができるので、自分に合ったアプリを選択するとよいだろう。

筆者もこれを活用していて、月末カードの利用額が確定する頃に残高が少ないとアラートがくる設定にしている。しかも残高不足が解消されるまで何度も警告がくるので忘れずに入金できる。

「マネーフォワード」でのインターネットバンキングとの連携の手順

1 「マネーフォワード」を起動し、「口座」から「連携する」をタップする。

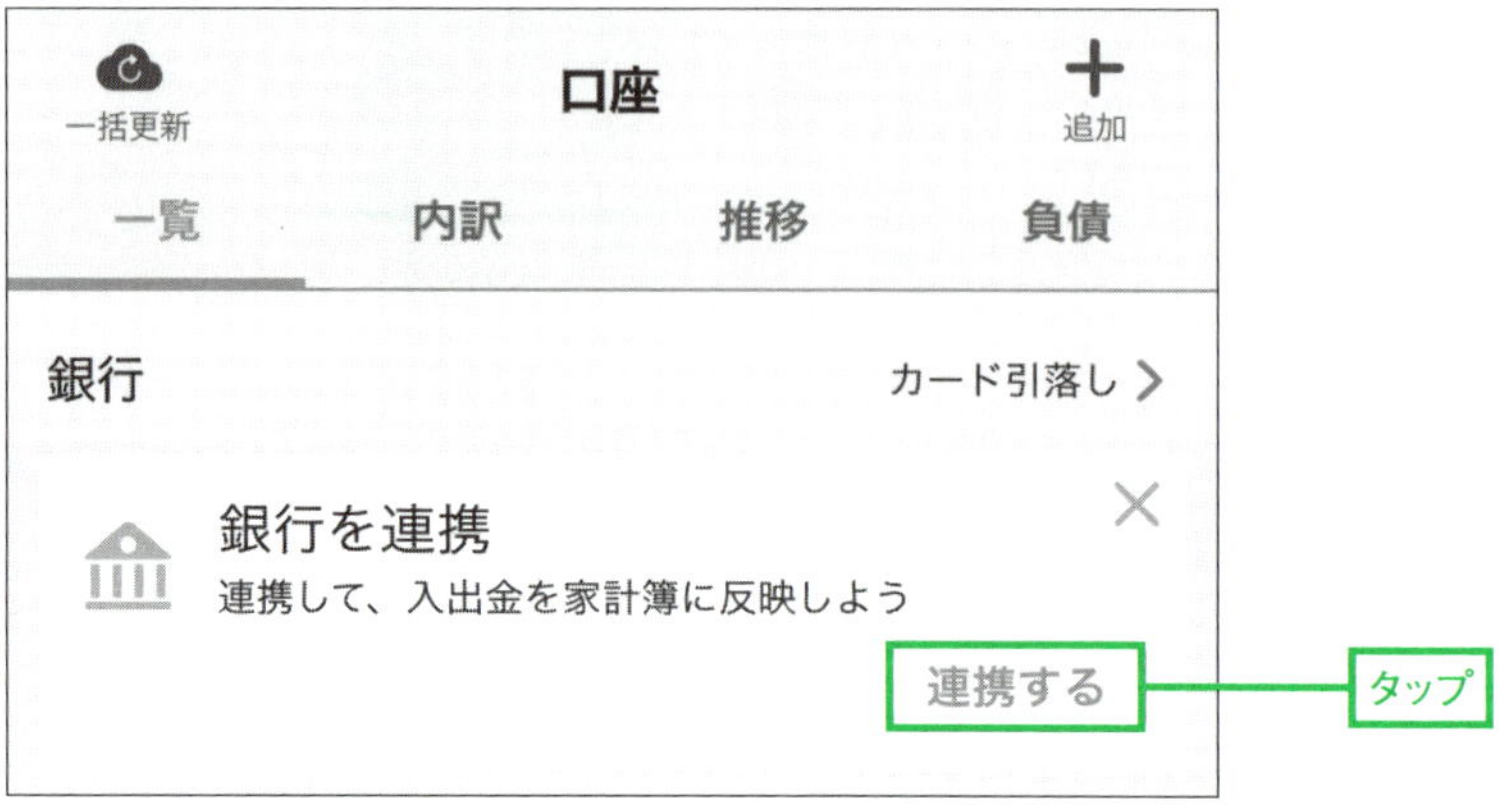

2 連携する金融機関を選択する。

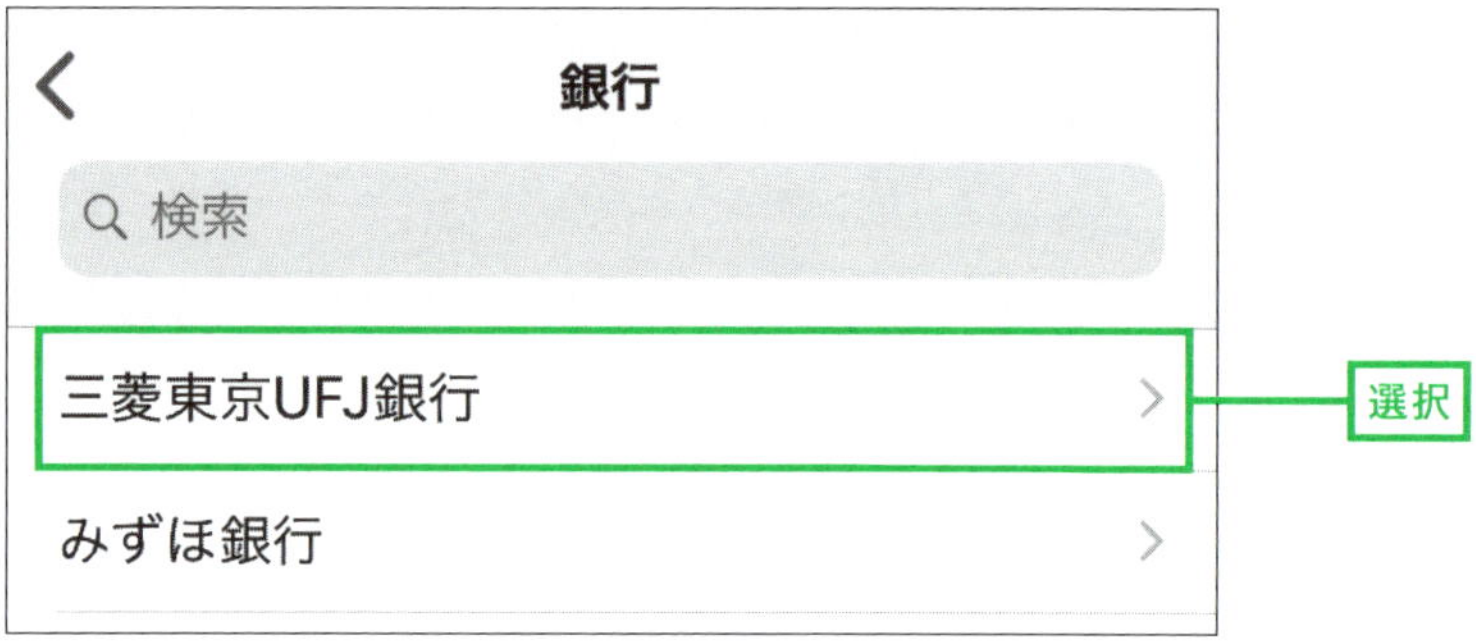

3 金融機関のオンラインサービスの契約番号とパスワードを入力（❶）し、「連携する」をタップする（❷）。

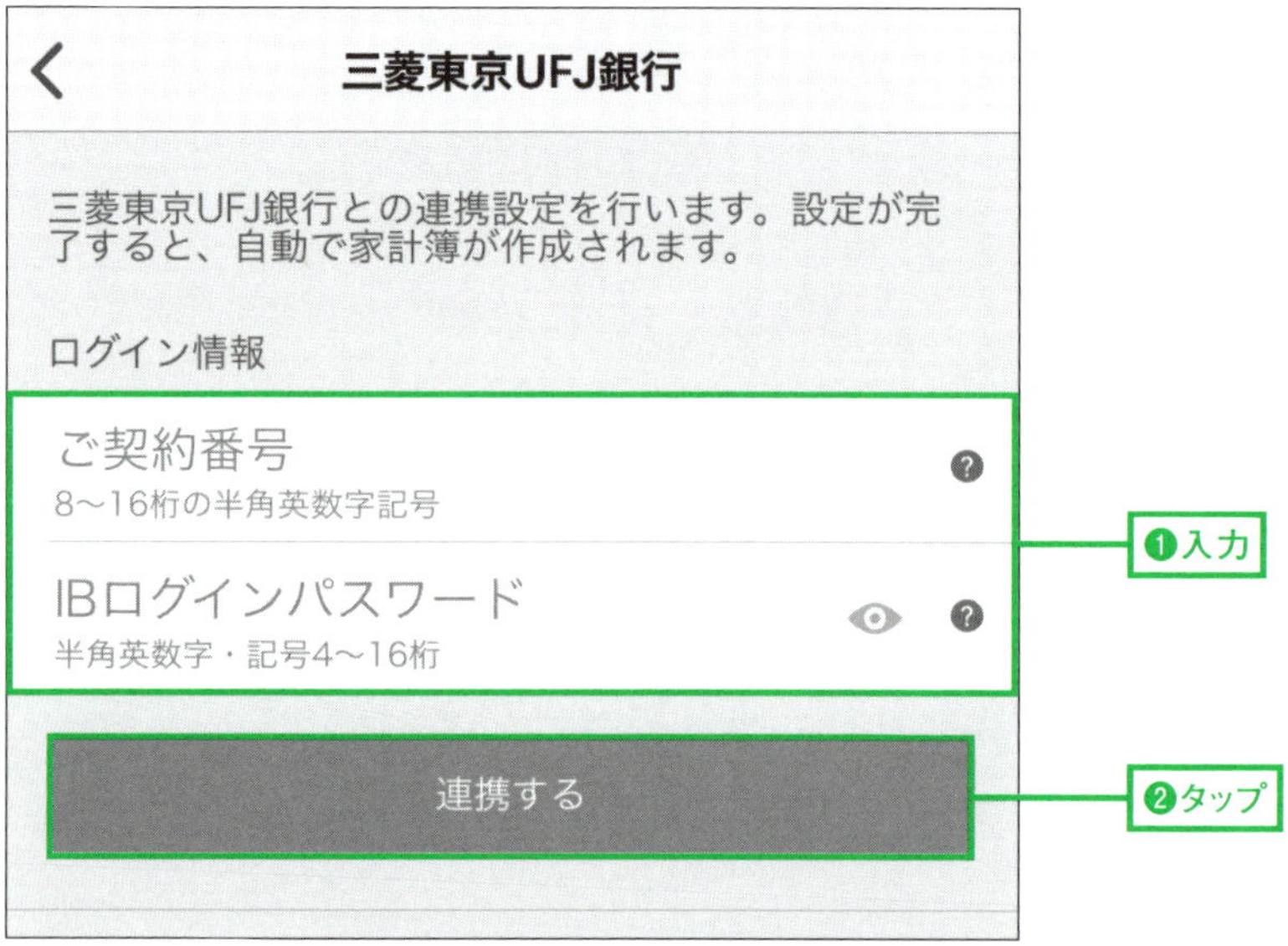

第4章

「片付けられない」を何とかしたい

片付けは空間と時間、物、行動を結び付ける作業

発達障害の特性で「片付けが苦手」がよく挙げられる。これは、三次元空間のルールを見破って自分にとって適した物の配置法がわかりにくいことを意味している。快適で暮らしやすい空間について考えてみよう。

物をどこに置いたかがわからない

対策
- 使い終わる場所の近くにしまう場所を作る
- 一緒に使うもの同士でまとめる
- 扉を外して中に入っているものが見えるようにしておく

事例 家の中にあるのはわかっているんだけど……

友人から「とてもいい海外旅行のプランを見付けたから一緒に行かないか？」と誘われたので、早速日程を合わせて申し込むことになった。「じゃあ、申込書を準備するね。パスポートの番号と有効期限が必要だから調べておいて」と言われたが、そのときになって「あれ？　パスポート、どこにしまったっけ？」と困惑してしまった。

引き出しの中を開けてみたが、書類がグチャグチャに入っていてどこに何があるかさっぱりわからない。「もしかしたら本棚にあるファイルの中かも」と思って出そうとしたら、本と書類が雪崩を打って床に崩れ落ちてしまった。

以前にも、海外旅行に行く際にパスポートが見付からず、結局旅行に使ったかばんの底からクシャクシャになって出てきたことがあったので、それに懲りて「大事なものだから」とかばんから出して別のところへしまったのだが、そのことがかえって裏目に出てしまった。

子どもの頃から片付けは大の苦手で、よく失くし物をしていたが、今回ばかりはさすがにイライラして、「ああ、もう！」と思わず自分に向かって怒鳴りたくなってしまった。

原因 置き場所を決めていない、決めてもしまう習慣がない

こんなことを書くと「当たり前じゃないか」と言われそうだが、

物は、基本的には自分からは動かない。裏を返せば、物は最後に使った人が使い終えた場所に置いてあるはずだ。しかし、日常生活を送る中で多くの情報に接していると、使ったものの場所をその都度覚えておくのは難しい。だからこそ、**「置き場所を決める」「使い終わったら決めた場所へ戻す」**というルールが必要になる。

大半の人は、そのことを感覚的に理解して自然に物を片付ける習慣を身に付けるが、発達障害の傾向が強い人は、この原則を体得するのがとても困難だ。それは、空間や物への捉え方が感覚的に大半の人と異なることも理由にある。

ＡＤＨＤ傾向が強い人は、**興味・関心、特に新しい刺激に惹かれやすいことに加えて、一度に覚えていられる記憶の容量がとても少ない**。すると、興味深い事柄が目の前に現れると、今まで手に持っていたものや使っていたものの存在が頭の中から消えてしまい、無意識のうちに意図しない場所に物を置いてしまう。あるいは気を付けて決められた場所にしまったとしても、その場所を覚えていられず、どこへしまったのか忘れてしまう。

ＡＳＤ傾向が強い人で片付けが苦手な場合は、**そもそも片付けの意味や必要性を認識していない**。このタイプは、多少散らかっていても、物がどこにあるか覚えていられる。そのため、たとえ散らかっていても本人はそれが困ったことだと感じることができない、あるいは本人が散らかっている状況に耐えきれなくなるまで散らかしてしまう。

また、片付けができたとしても、それは「どこに何があるかを覚える」「決めた場所へ戻す」という1対1パターン行動なので、引越しなどでしまう場所が変わってしまうと、混乱して片付けられなくなる場合もある。つまり、取っている行動は片付けでも、片付けの意味や理由を抽出して他の場面に応用できないのだ。

片付けを習慣付けるには、**日常生活で行う動作と結び付いた場所に物をどう配置するか**にかかっている。それには自分が普段どんな行動をしているのか、その行動はどこでしているのか、そして限られた空間に何を優先させて物を置くのか、といった観点から物を配置することが必要だ。つまり、

くつろぐスペースに一時置きの箱を設置する

席を外すときに元の場所に持っていく

ルール1 一時置きの箱は1つの場所に1つだけ
ルール2 あくまでも「一時的」な収納場所と考え、定期的に箱の中を空にする

物、空間、動作を関係付けるということだ。

解決法 使い終わる場所の近くにしまう場所を作る

ADHD傾向が強い人は、使うときに多少離れた場所に置いてあっても、そのものに必要性があるのでわざわざ遠くから物を取って来るが、使い終わった途端にそのものは頭の中から消え去ってしまうことが多い。

この特性にかなうには、**使い終わる場所の近くに収納場所を作る**のが適切だといえる。逆に考えれば、散らかるのは物の住所が適切ではないということなのだ。

実際、散らかっている人の部屋は、座っている場所から手の届く範囲に物が半円状に散らかっていることがよくある。だとしたら、そこがその人にとっての「適切な収納場所」と考え、そこにごみ箱と収納棚もしくは箱などを置いて、そこに片付けるという習慣から始めてみよう。

実は、ソファーやこたつといったくつろいで座るスペースの近くに物は集まりやすい。人は、くつろぐことでそれまで張り詰めていた意識を緩める。すると、それまでやっていたことから休むほうへ意識が移ってしまい、無意識のうちにその場所に物を置いてしまう。結果、それが繰り返されることで周辺に物が散乱してしまう。また、座って何か作業をしたあとでは、片付けるためにわざわざ立ち上がるという動作はとても億劫に感じる。

そこで、**くつろぐ場所の近くに収納スペースを作る**、もしくは**一時置きの箱を置いてそこに片付け、席を外すときに持っていく、あるいは掃除や洗濯をする際に中身を点検する**というルールを設定していけば、物は定位置に収まってくる。

手を放すことすら意識していない場合でも、「ここに入れる」と片付ける場所が決まることで、少しずつ箱へ入れる習慣が付いていく。すると、「どこへしまったかな？」と思ったらその箱を見ればいいだけになる。

ここで注意したいのが、一時置きの箱は必ずその場所に1つ（もしくは一人1つ）だけにするのを厳守することだ。よく片付けの本などにも「一時置きのかごを作りましょう」と書いてあるが、片付けが苦手な人はこれを言葉通り受け取って次々と一時置きのかごを増やしてしまい、結局どこに何があるのかわからなくなってしまう。

また、一時置きのかごや箱はあくまでも「一時的」な場所なので、定期的に中を空にしないと意味がなくなる。特にASD傾向が強い人にとっては箱の「ルール（意味）」を理解していないと、何でもしまっておける場所というのはかえって混乱を招くことになる。導入する場合は、この2つのルールを徹底させることが重要だ。

一緒に使うもの同士でまとめる

発達障害の人は、準備しているときに物を探してあちこち動き回ることで、作業が終わるまでにさらに時間がかかる。これは、ADHDの人は、移動中に他のことに気を取られる、ASDの人は、準備することが目的化して、「あれも、これも……」とありとあらゆるものを用意しようと不安になる、ということが関係している。

そのため、あらかじめ**「一緒に使うもの同士でまとめる」**ことが大切だ。たとえば、パスポートや預金通帳、年金手帳といった大事なものは、まとめて同じ場所に保管している人は多いだろう。それで管理できる人なら、それは「大事なもの」というくくりでカテゴライズされているので問題ない。しかし、このやり方で紛失する場合は、その人にとって「大事なもの同士」と考えてペアにした組み合わせが不適切だったといえるだろう。

海外旅行へ出かけるときは必ずパスポートを使う。そう考えると、人によっては海外旅行のときに必ず使うかばんの中にパスポートを入れておくのが一番適切な収納場所になる。実際、この事例でも、前回はかばんの中から出てきたので、むしろ「海外旅行セット」として一緒にまとめておけば、すぐに探し出せた可能性が高い。ノートや手帳と一緒に持ち歩けるペンケースやペンホルダーが最近よく文具店に置いてあるのも、「筆記具と手帳やノートは一緒に使うから」という同様の発想だからだし、種類が増えているのはおそらくニーズがあるからだろう。

使うもの同士という発想がピンとこないときには、**具体的な状況を想像してみる**とよいだろう。筆者は、親戚の看取りを手伝った折、夫に「もしものときはこの引き出しのものを持ってきて！」と依頼できるよう葬儀用に引き出しを作り、

- フォーマルバッグ
- 袱紗《ふくさ》
- 数珠《じゅず》
- 白いハンカチ
- 装飾品（黒い腕時計や財布、扇子やストール、傘、髪留め、真珠のネックレス）
- 香典袋と現金書留封筒（葬儀に参加できないときに香典袋を送る）

をまとめた。

必要に迫られて作ったものだったが、急な不幸という突然の状況では忘れ物をしがちなので、「とりあえずこの引き出しを開ければいい」というパターンを作っておくことでかなり負担が軽減した。家族と暮らす際にも何かを持ってきてもらう、物を貸し借りするというときに「ここから持ってきて」と言えば事足りるため、まずは自分がよく使うものから少しずつ導入するといいだろう。

見えやすいかごや透明な袋に入れる

片付けができる人には想像も付かないかもしれないが、片付けが苦手な人にとっては、わざわざふたや袋を開けたりしないと中身が見えないものは鬼門だ。引き出しも高さや奥行きがあるとかなり大変で、どんどん中身が地層のように堆積していく。

そうなると中に何が入っているかわからなくなる↓結果として物

収納は一緒に使うもの同士で

お酒とつまみ

袱紗や数珠などの葬儀用品

ハサミと紐

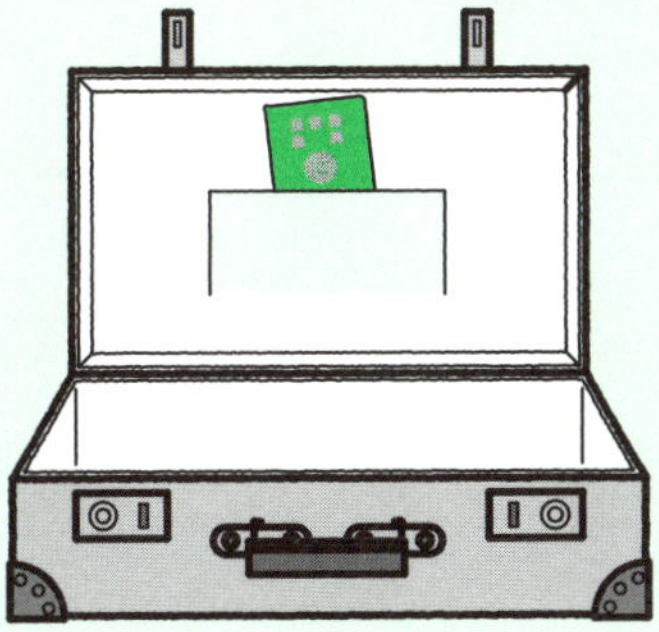

スーツケースとパスポート

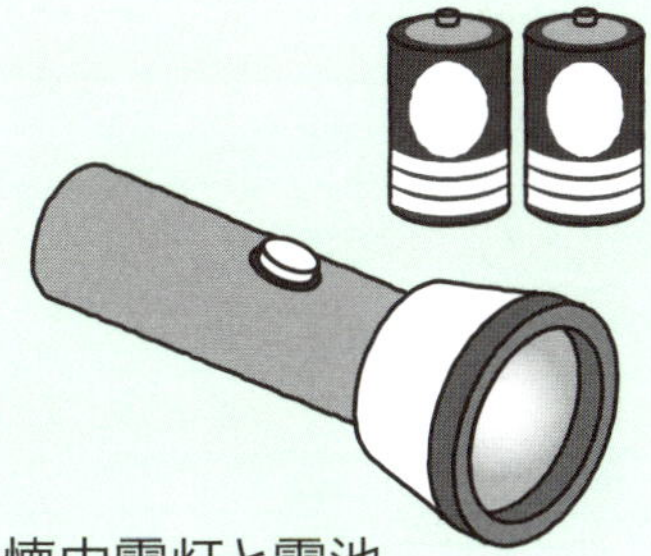

懐中電灯と電池

が死蔵され、さらにかごの上や引き出しの周辺に物が堆積される。

防止策としては、**中が見えやすい透明（半透明でも透けて見えれば可）なかごや袋に入れる**ことだ。中に物がある気配を外から見るだけで察知できるし、何が入っているかおおよその見当を付けられるため、物を出し入れする動作を減らすこともできる。

一時置きのかごもインテリア雑誌などではふた付きのかごがよく用いられているが、このような理由からあえてふたのないかごを使用したほうが片付くこともある。

この方法は、主にASD傾向が強い人に向いているが、ADHD傾向が強い人は一時置きのかごをふたのないかごにし、あえて普段使わないもの（季節外のものなど）をふた付きや引き出しに入れてラベルを貼っておき、必要以上に注意を向けないようにするというメリハリを付けるとさらに効果が上がる。

扉を外す

ふたと同様、収納場所に扉があると途端に片付けのハードルが上がる。引き戸タイプだと互い違いになっている場所付近のものが取り出しづらくなるし、ドアタイプだとドアを開けるためのスペースが必要だ。

「そのくらいのことで」と思われるかもしれないが、扉の前に物が山積みになっている場合、大半が扉の開閉動作が億劫になっていることが理由だ。そして扉を開けないことで、ますます中に何が入っているかわからなくなる、という悪循環に陥りやすい。

収納棚などの前に物が山積みになっている場合は、**扉を外す**とそのスペースが格段に使いやすくなることが多い。筆者の自宅にもカウンター下収納があるが、引き戸があったときは活用できていなかった。あるとき、「扉がないほうがよいかもしれない」と気付いて扉を外したところ、途端に書類や出張で使う機材やカートなどを入れるスペースとして使えている。

また、扉があると扉を閉めれば片付いて見えるため、「とりあえずここへしまっておけば」と、次々と物を詰め込んで扉の中が乱雑になり、どこに何が入っているのか把握されていないことも多い。そのため、「ここに入っているはず」と思っていても、いざ必要なときに扉の中を大捜索する羽目になる。

ペットを飼っている、家族と暮らしている、といった扉を簡単に外せない事情もあるだろうから万能ではないが、引き戸やふすまなど取り外し可能な収納なら検討してみてもいいだろう。

収納はメリハリを付けると効果大！

中が見えやすいかごや
袋に入れる

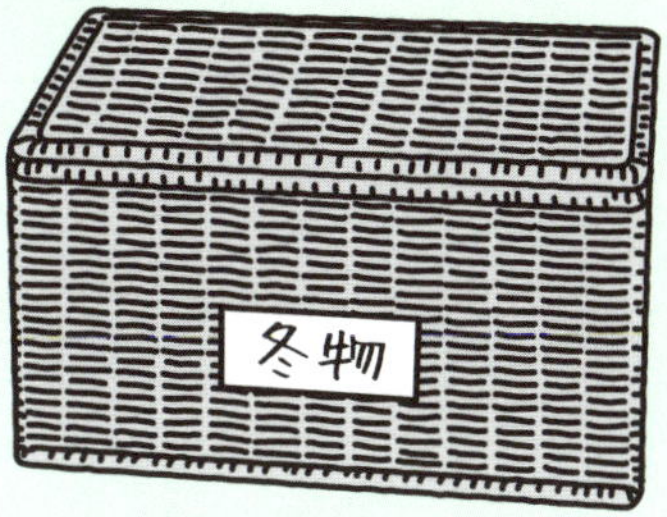

普段使わないものは
ラベルを付けて
ふた付きのかごの中に

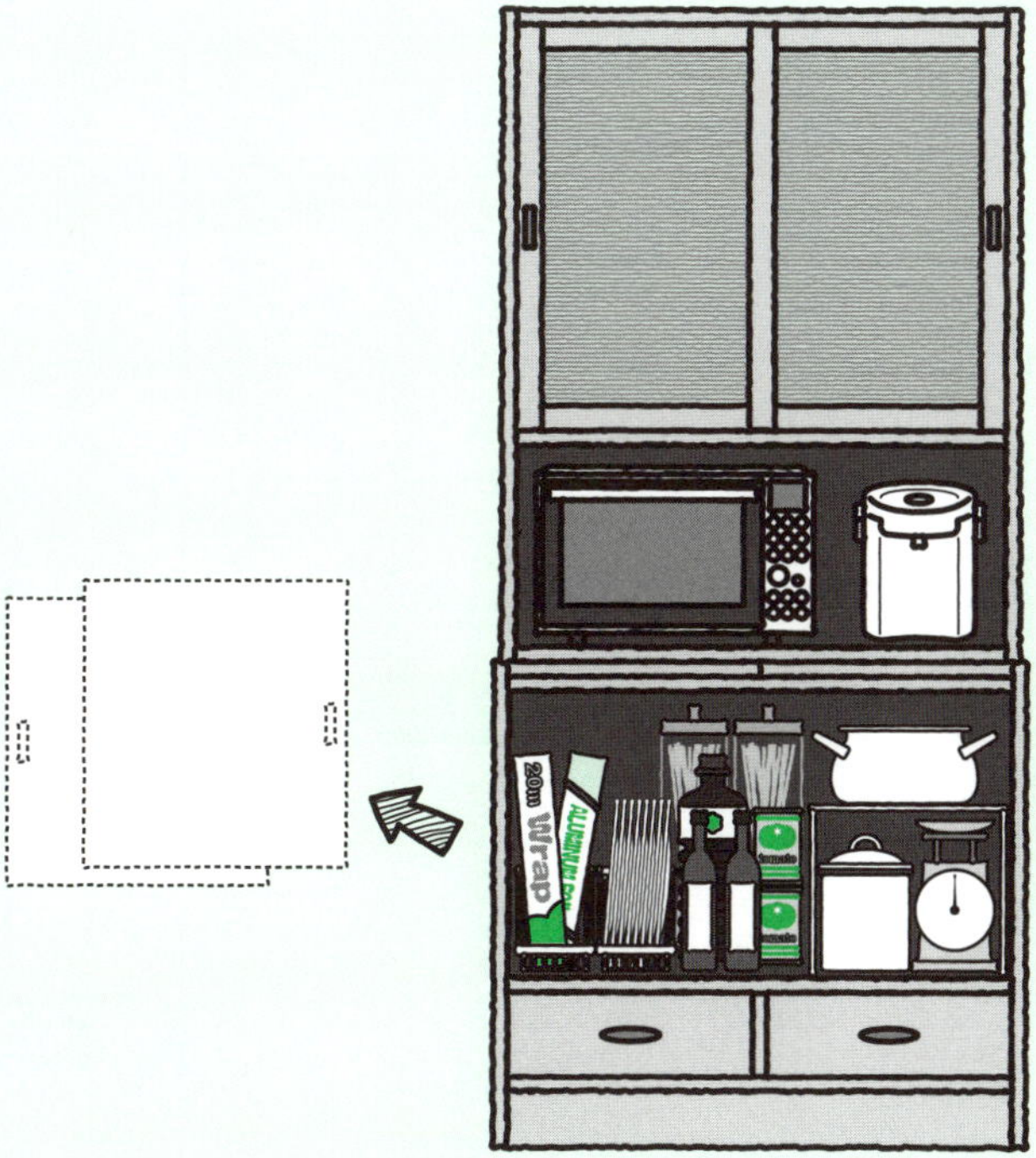

収納棚の扉を外す

物をどこに置けばいいかわからない

対策

- ○使用頻度で決める
- ○小さなものも適切な収納場所を決める
- ○一時置きを作り、定期的に点検する

事例

「使いやすいように置けばいい」と言われるけれど……

「今日こそ片付けよう！」と一念発起。頑張って少しずつ不要品をまとめてごみ袋へ入れ、だいぶ物を減らすことができた。以前はぎゅうぎゅうに詰め込んでいた棚もだいぶスペースが空いて、「これなら余裕を持って物が置ける！」と思ったが、ふと「あれ？　でも、どうやって物を置くといいの？」と疑問に感じた。

床を見るとごみ袋の合間に物が積み重なっていて、足の踏み場もない状況になっている。インテリアの雑誌には、「必要なものを使いやすく置きましょう」と書いてあるけれど、いったいどうやったらここから必要なものを取り出し、使いやすく置けるのだろう。

原因

使いやすさの基準が不明確、使用頻度と置き場所の結び付きが曖昧

日常生活は具体的な行動の集まりであるため、悩みは個別的かつ具体的なものだ。

しかし、雑誌のような不特定多数の人を対象にした場合、どうしても多くの人に当てはまるよう曖昧かつ抽象的な表現になりがちだ。つまり、本の情報から自分の悩みに対応できるようにするためには、言葉と行動をつなげる翻訳力が必要になる。

発達障害、とりわけASD傾向が強い人はこれがとても苦手である。

ASD傾向が強い人は、**抽象的な言葉を厳密に定義し、そこで**

導き出した細かいパターンに1つひとつ当てはめていくような緻密な作業を頭の中で行う。大半の人からすれば、「そんなの適当にやればいいじゃないか」と感じてしまうことでも、当事者にとっては膨大なパターンをまず覚えるほうがラクな場合も多い。

しかし、得意なことは自力で何とかなっても、苦手なことは言葉から意味や定義をイメージできないため、つまずいてしまうのだ。

解決法 具体的な言葉に置き換えて考える

まずは、「使いやすい場所＝よく使うものを出し入れしやすい場所」「よく使う＝1週間に一度使う」と**具体的な言葉に置き換えて考えていこう。**

さらに、ADHD傾向が強い人の場合、物を置くための優先順位をうまく立てられないことが多い。

よく片付けの本には「必要なもの」と書いてあるが、他人から見ると不要なものでも、当事者にとっては「必要なもの」と脳内で翻訳されてしまうことは往々にしてある。

まずは要・不要という感情的な尺度よりも、**使う・使わないといった第三者から見ても妥当かつ計測可能な尺度**で物を分類してみよう。

使用頻度で決める

棚などで自分にとって使いやすい高さは、だいたいひざから目の高さまでが目安だ。当然これには個人差があり、また立ち仕事と座り仕事では適切な置き場所は変化する。そのため作業する場所や動作によって物と置き場所を考えていこう。

まず入れてあるスペースから出して（最初は棚2段分など細かく区切って出すほうがよい）**使用頻度によって分けていく。**

基準としては、

- 毎日使う（普段使いの食器、歯ブラシ、タオルなど）
- 週に一度使う（メインのバッグ、財布、キーケースなど）
- 月に数回は使う（習いごとや定期的な用事などに使うもの）
- 季節ごとに使う（扇風機、ヒーター、夏物や冬物の衣類など）
- 年に1、2回使う（年賀状などの年中行事で使うもの）
- 使用頻度にかかわらず重要なもの（パスポート、預金通帳、契約書、旅行用品など）
- 思い出の品（プレゼントや手紙など）

といったものが考えられる。

すると、不要品以外にも毎日使っているのに使いにくい場所に置いてあるものが必ず出てくる。そ

使用頻度で置き場所を決める

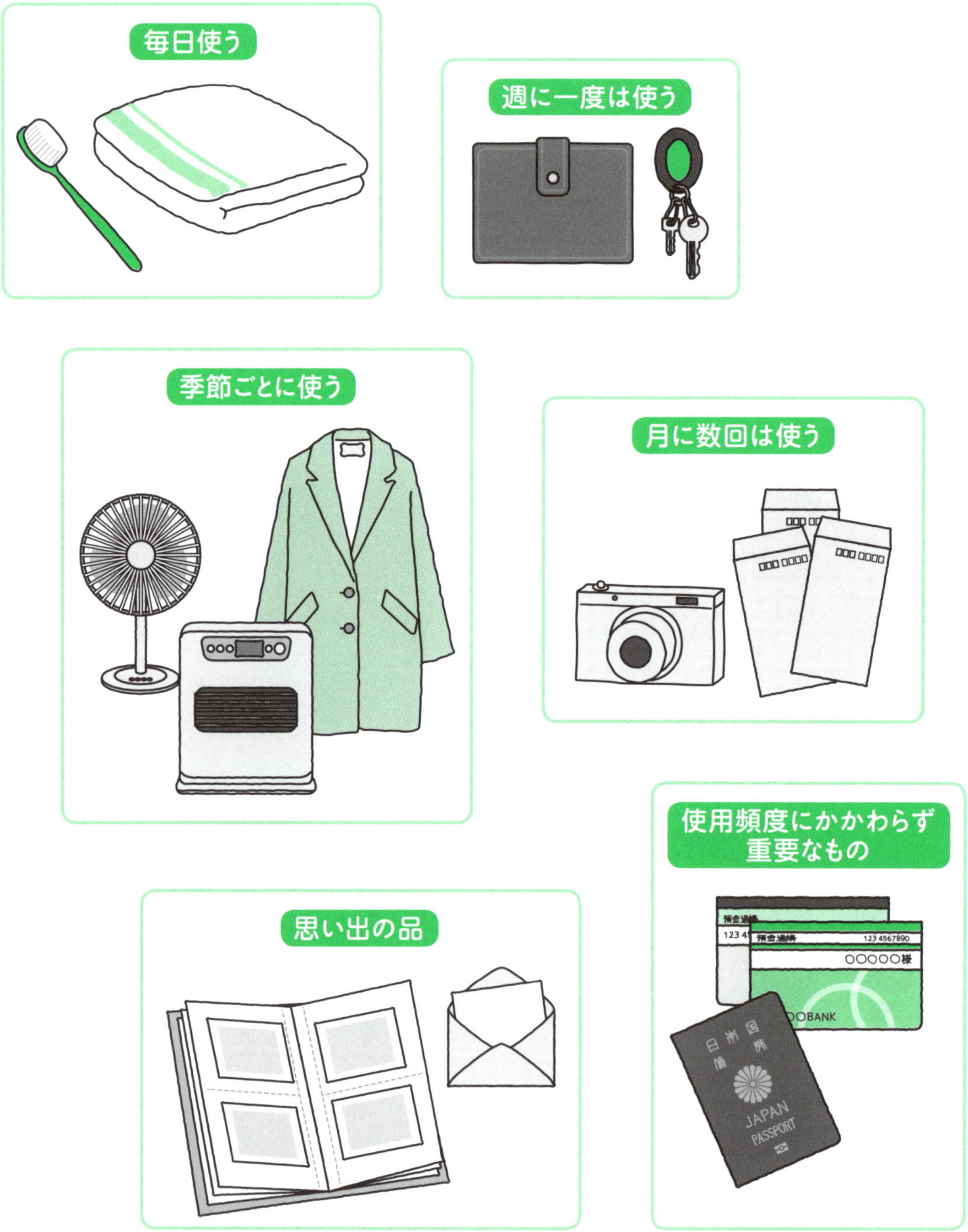

れを入れ替えて適切な場所へ置くよう心がけよう。

　たとえば、玄関先で荷物を受け取る際に押印する、玄関で封筒を開封して中身を確認するからハサミを使うといった理由があれば、玄関先に三文判やハサミの置き場所を作ったほうが合理的だろう。

　収納場所に悩むのが月に数回ほど使うものや季節ごとに使うものだろう。これらについても収納場所をある程度確保しておく必要があるが、だからといって使いやすい場所はもっと使用頻度が高いもののために確保しておきたい。

　また、収納場所と使う場所双方を決めておかないと物が浮遊してしまう。特に冬だけ使用するコート、ストールや手袋、夏だけ使う帽子やサンダルなどは適当な場所に置いてしまうと、その場所がそのまま定位置になりやすい。便利ではないが不便でもない場所を探す、夏物と冬物を入れ替える場所を作る、という対応を考えてみよう。

　中には、「よく使っているもの」をどう判定したらいいかわからない人もいるだろう。その場合は、**具体的な状況を思い浮かべてみる**と答えが出てきやすい。たとえば、「よく作る料理は？」「では、その料理を作るときに使う調理器具は？」「どんな食器で食べるの？」「材料はどこにしまうの？」などと自問自答してみよう。

小さなものでも適切な収納場所を決める

　ヘッドホン、充電用USBケーブル、メモ、クリップ、郵便物などの小さなものは、それほど場所を取らないが、使ったあとについ無意識にポンとその辺に置いてしまい、散らかったりどこに置いたかわからなくなったりしがちだ。

　実は、筆者も片付けができない頃は、これら小さなものをよく行方不明にしてあちこち探し回っていた。

　が、あるとき、**「小さなものにも住所が必要」**という話を聞いてからは、小さなものの収納場所を意識するようになった。たとえば、しばしば食卓の上で使用するがつい散らかしがちにしてしまうクリップ、ハンドクリーム、メジャーといった小物をひとまとめにして箱に入れ、使ったらすぐに箱の中に戻せるようにした。それ以来、食卓の上が散らかることはなくなった。

　テーブルだとイメージが湧きづらい人は、まず自分の財布やかばん、化粧ポーチやペンケースといった小さなものが集まる場所の整理から始めてみると要領をつかみやすいだろう。今まで何となく必要だからと入れていたものが多かったと気付くことで、だんだん他

本来の場所とは違うところに置いておきたいものの保管場所

中身を確認していない
郵便物

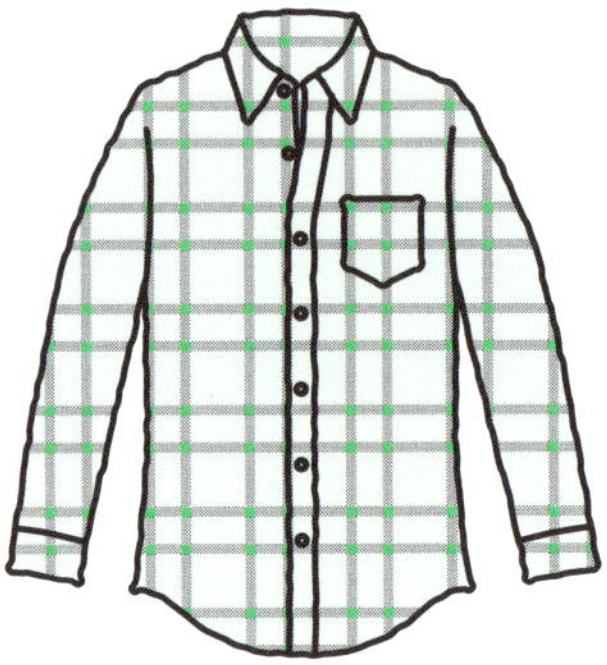

洗濯する前に
もう一度着たい服

読みかけの本

↓

とりあえず「一時置き」に保管しておく

の場所も整理したくなってくる。ただし、一度置き場所を決めても、慣れるまではなかなか物が定位置に収まらないこともあるし、もっと使い勝手がよい場所が見付かることもある。

また、歯ブラシ立てを印鑑スタンドに、クリップを充電ケーブルの保管に使用するなど、当初使おうと思っていたものが違う目的で使ってもよいこともある。片付けに慣れてくると、そのような柔軟性も身に付いてくる。一度でうまくやろうと気負いすぎずに、気軽に取り組んでみよう。

一時置きを作り、定期的に点検する

「さっきまで置き場所を決めるよう書いておいて一時置き？」と思った人もいるかもしれないが、持ち物の中には必ず一時的なものがある。たとえば中身を確認してい

ない郵便物、一度袖を通したけれど洗濯するまでにもう一度着たい服、本棚から出した読みかけの本など、「今、ここ」にある、本来の場所とは違うところに置いておきたいものたちだ。

　こんなときには、前述のように、一時置きが役に立つ。一時置きはどこに置いたかがわからなくなるのを防ぐのと同時に、本来の場所とは違うものを一時的に入れておく場所としても重要な意味を持つ。

　ここで大切なのは、**一時置きはあくまでも「仮の場所」という意識を持つこと**だ。だから、郵便物は点検し終えたら捨てるか保管場所へ持っていく、本は読み終えたら元の場所へしまうというリセットを心がけることが大切になる。

　発達障害、とりわけADHD傾向が強い人は、思考や行動が拡散すると同時に断続的になりがちだ。

　すると、次々と連想したことをやろうとしてしまい、それまで使っていたものをそのままにして別のことを始めてしまう。その結果、あちこちに物が散逸しやすくなり、我に返ると「あれ？　何でこんなに散らかっているの？」「そもそも何をしていたんだっけ？」ということになる。

　一時置き場が決まることで、「自分がやりかけていたことはこれ」とわかるようになり、やりかけの物事を完了させる、注意が必要以上に拡散するのを防止できる、といった効果が期待できる。

　一方、ASD傾向が強い人はやりかけていることを中断することにストレスを感じがちだが、一時置きがあることで視覚的に「いつでも戻れる」と自分を納得させることができる。日常生活ではどうしても中断することはあるので、**切り替えるための場所**として活用したい。

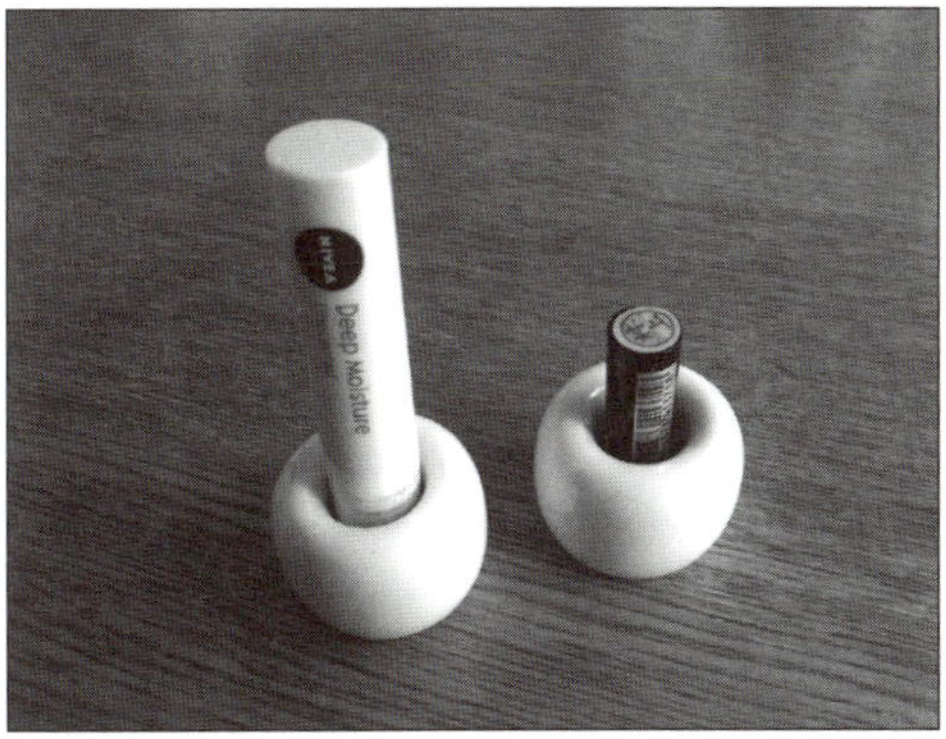

百円ショップなどで購入できる歯ブラシ立てを印鑑スタンドに活用する。

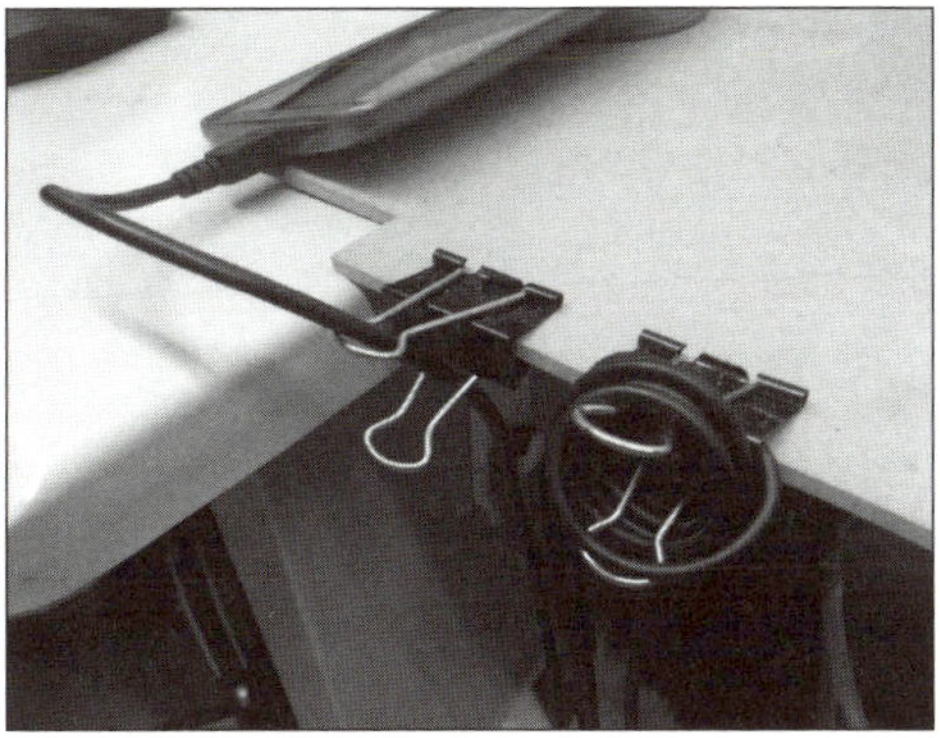

クリップを充電ケーブルの保管に活用する。

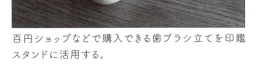

物を捨てられない

対策

- 似たもの同士でまとめる
- 使っていないものを意識して使ってみる
- リサイクルショップや寄付などを利用する

事例 物を捨てたほうがよいとわかっているけれど……

幼い頃から親に「むやみに物を捨てるのはもったいない」と言われて育ったせいか、なかなか物を捨てられない。弁当に付いてきた割りばしや、スーパーやコンビニのレジ袋もつい「そのうち使うかも」と取っておくが、どんどんたまっている。

洋服もずっと着ていない服や着古した服が引き出しやクローゼットの中にパンパンに入っているけれど、捨てどきがわからず、着古した服も「切って雑巾にすれば使えるかも？」と思ってしまいなかなか手放せない。

無駄なものといわれても、自分にとって何が無駄で何が無駄ではないのかもよくわからないので、どれを捨てたらいいのかも自信がない。

以前、物に囲まれているのが嫌になって発作的に大量に捨てたたら、後日必要になって買い直したものがいくつもあったから、それも物を捨てることに抵抗を感じる理由かもしれない。

物を捨てるってどうすればうまくできるのだろう。

原因 判断基準が曖昧、物の役割を認識できていない

物をむやみに捨てるのは確かにもったいない。でも、自分が使えない、あるいは使わなくなったとしたら手放したほうが物にとっても自分にとってもよい結果になることが多い。

ADHD傾向が強い人は**好奇**

心旺盛なことが多いので、つい試供品や新製品のおまけが付いたものに手を伸ばしてしまいがちだが、試供品は試すためのものなので一定期間試していらないようなら、それは物本来の役割をまっとうさせていない。

　また、自分では買わなくても家族や親戚から「よかったら使って！」と先方の不要品が回ってくることもある。いらないからと送り返すわけにもいかないし、とりわけASD傾向が強い人は**角が立たないような言い回しをして断るのが苦手**な上に、断ることに必要以上にエネルギーを消耗する。さらに身内だと断りにくいという事情もあるだろう。

　今は価値観が多様化し、個々人の好みに合ったものを入手しやすくなった。発達障害の傾向が強い場合、**自分の好みに合わないものと付き合うのがそもそも苦手という特性を認識して、ある程度試してみて不要だったとわかったら無理に使うのを諦めて処分する覚悟も必要**だろう。

解決法　似たもの同士でまとめて比較する

　筆者は物が増えてくると、まず**同じものを家中から探して集めて並べる**作業をする。集めたものを比較してみると、「このボールペン、書きやすいからこればかり使っている」「この口紅、高かったけれど、付けると唇が荒れるから使うのやめたんだった」と、物本来の目的や自分の判断基準が明確になってくる。

　そこから、「これは不要」と判断したものを間引きしていくのだが、中には判断に迷うものもあるだろう。その場合はいったん保留にして、半年後ぐらいに改めて見直してみるといい。特にASD

物本来の目的や自分の判断基準を明確にするために

集めたものを比較して不要なものを間引きする

の傾向が強い人は、「選択する」こと自体が苦手で、何かを決めようとすることに苦痛を感じる人もいる。

この場合、いったん冷静になって、物本来の評価と自分の感情を整理するために、**表などにして書き出してみよう**（次ページ参照）。たとえば、ある商品について、「使いにくいけれど高かったから使わなければもったいない」と思ったとしたら、物本来の評価は「使いにくい」、自分の感情は「高かったから捨てるのはもったいない」となる。どちらが勝っているかがわかると案外すんなりと決断できる。

使いにくいが取っておくと決めたものは、保留にする場所（大きめの箱や引き出し）を作ってどんどんそこへ入れていってみよう。すると、だんだん使いやすいものと使いにくいものを分けやすくなるし、物本来の機能とは異なる自分の感情でそのものを所有していたことが明らかになる。

すると、「ああ、こんなに無駄遣いをして」「こんなに失敗ばかりしていたんだ」と負の感情が次々と出てくるかもしれないが、それこそが自分を縛っていたものである。真っ先に手放すべきはその感情だと認識しよう。

実際に試してみる

明らかに使わないとわかっているものは別として、使うかどうかわからない、あるいは「○○したら使うかも」（直したら、やせたらなど）と思って捨てないでいるものの場合、大半は**意識して使ってみようとすることで結論が出る**。

筆者は、以前知人からスライサーをもらったが、今まで使ったことがない形状だったため、しばらく使っていなかった。ところがジャムを作る際、果物の皮を剥くのにそのスライサーのことを思い出して使ってみたところとても使いやすかったので、頻度は低いが使うものの場所へ入れておくことにした。

一方、使ってみたら合わずに手放したものも多く、特に財布や小物入れ、文房具などではかなり失敗している。似たようなデザインでも使い勝手が微妙に異なるし、「これよさそう！」と思って購入してみても、実際に使ってみたら「これは違う」と気付くこともある。

また、価値があっても使えるようにするには修理などが必要なもの（和服やフィルムカメラなど）はそこまでして使いたいのかを考えると答えが出てくる。ワクワクしてくるのなら使いたいのだろうし、億劫な気持ちになるのなら本心は手放したいのだと自分の感情に素直になることが大切だ。

判断基準の具体例

アイテム	物としての評価	自分の中での感情	検討結果
黄 ノーカラー ジャケット	・最近着ていない ・袖が7分丈で思ったより活用しづらい	・春先に着るので差し色として便利だった ・他にない色なので、色は好き	処分 （他に差し色のカーディガンをもらったため）
グレー ロング カーディガン	・春先から夏にかけて着用 ・外出時、少し肌寒いと袖を通していた ・少しシワになりやすい	・もう少し丈が長いとよかった ・色は気に入っている ・合わせやすい ・デザインは気に入っている	保留 （もう少し考えてみる）
オレンジ シルク カーディガン	・シルクなのに家で洗濯可能が◎ ・（春先と）秋口によく着る ・シワになりにくい	・色が秋口以外ちょっと着づらい ・他の服と意外と合わせやすい	活用する （秋口に特によく着ようと思う）

リサイクルショップや寄付などを利用する

捨てるにはもったいないけれど、自分では使わないものを処分するにはいろいろな方法がある。個人でオークションなどを利用するやり方もあるが、自分で出品、梱包や発送が面倒なら安くても**リサイクルショップに買い取ってもらう**ほうが無難だろう。

知り合いにバザーやフリーマーケットの品を集めている人がいるならば、その人に寄付するという手もある。筆者はバザー品を定期的に集めている人が近所にいるので、年に数回連絡して状態がよいものを渡すようにしている。

いずれの場合も基準としては、

- 食器、下着は未使用（衛生上の問題もあるため）
- 洋服はシミやほつれがないもの（洗濯、クリーニング済み）

中古品を処分したい人にお勧めのサイト

サイト名	特　徴
メルカリ	・利用者No.1のフリマアプリ ・手数料は売上げの10% ・多彩な支払方法が可能
ヤフオク！	・1999年から続く老舗オークションサイト ・細かなカテゴリーに分かれている ・出品するにはプレミアム会員への登録が必要
Amazon マーケットプレイス	・2種類の登録出品者区分がある ・商品ごとにページが存在する ・登録出品者区分によって手数料が異なる
ラクマ	・楽天が運営するフリマサイト ・手数料が発生しない ・楽天スーパーポイントを利用できる

・日用品は破損や欠けがないもの
（ホコリや汚れはできるだけ落とす）
・家電品は購入5年以内のもの
（あれば取扱説明書も付ける）

といった物に絞り、そこまで手間を掛けなくてもよいものは潔く捨てるようにしている。

古い着物やパソコン関係などは専門店（中古市場が充実している）への買い取り、もしくは詳しい人に声を掛けると「ほしい」と連絡をくれることがある。筆者は、先日ツイッターで父が所有していた8ミリフィルムカメラと投影機を引き取ってくれる人を募ったところ、その日のうちに映画関係者から連絡をもらった。この手のものは、数は少ないが必要としている人がいるからネットなどで情報を探すと見付かりやすい。

今は社会貢献活動の一環としてさまざまなお店で洋服や眼鏡、補聴器などの寄付を募っている。眼鏡や補聴器はリサイクルして途上国や被災地支援で使うこともあるそうなので、実家から託された眼鏡を持っていった。

　やってみるとごみにするよりは手間がかかるのだが、より必要としている人のところで使ってもらえると考えれば気持ちがラクになるし、使っていないものがあること、使わずに捨てることがストレスだったことに気付く。

今後は電子書籍、ダウンロードサービス、レンタルなどを活用する

「これからはできるだけ物を増やさない」と決意しても、生きていく上で必要なものは状況に応じて変わっていくので、不要品をゼロにするのはほぼ不可能だ。また、ほしいという気持ちを抑えすぎてしまうと、かえってストレスがたまってしまい、結果として衝動買いにつながり余計罪悪感を覚えてしまうことになる。

　とはいえ、形あるものだと処分が大変なので、じっくり読みたいものは紙の本、情報として持っておいてサッと検索して読みたいものは電子書籍にしてみるのもいいだろう。筆者は、雑誌については記事内容をおおまかに確認したいことが多いため、雑誌の読み放題サービスを利用している。以前なら書店まで出向いて確認した上に何冊も購入する必要があったが、同じ情報を読み比べしやすくなり、記事を検索するのも簡単になった。よく読む趣味関係の雑誌も電子書籍版があるため、今後は少しずつシフトしていく予定だ。

　音楽はダウンロードサービスを利用することが多く、ネットラジオも併用している。一般的なラジオだと聞ける放送局が限られているが、ネットラジオはインターネットを通じて音声番組を配信するため、ネット回線があればパソコンやスマホを通じて世界中の放送局を楽しめる。かなりコアなジャンルでも専用の放送局があって筆者も好きなジャンルの放送局を探して楽しんでいる。

　めったに使わないものならレンタルも選択肢の1つだ。筆者は海外旅行用で大きなスーツケースを利用することになった際、買わずにレンタルし、一緒に旅行用ポット（海外はホテルの部屋にポットがないことが多い）も借りた。結局、その後使う機会がないので、この選択肢でよかったと思っている。

　最近のレンタル商品は、「え！これも借りられるの？」と驚くほど種類が豊富だ。探すと話題の新商品（アップルウォッチやロボット掃除機など）も扱っていて、まず買う前に試したいという理由で借りている人も多い。今後機会があったら試してみたいものもレンタル可能なら考えてみてもいいだろう。

ごみの捨て方がわからない

対策

- ごみの捨て方アプリや自治体ウェブサイトを活用する
- ごみ収集の担当窓口に問い合わせる
- 捨てやすいものを買う

事例

とにかくルールが複雑で……

引越しをしたら、前に住んでいた自治体よりもずっとごみの捨て方が複雑で、しばしば「あれ？これは何ごみだろう？」と悩むことが多くなっている。以前住んでいたところだとプラスチック類はすべてプラスチックごみだったが、今のところは食品用包装だけ分別し、他のものは生ごみなどと一緒に燃えるごみとして出すことになっている。

他にも空きびんの捨て方も食品用は資源ごみ、化粧品などは燃えないごみと細分化されているし、粗大ごみの基準も前の自治体では小さくすれば出せた布団類が、今のところは粗大ごみ扱いになってしまい、知らずに出そうとしたら同じアパートの人から「それは粗大ごみよ！」と注意されてしまった。

ちゃんと調べなかった自分もいけないのだが、そのことがきっかけでごみを捨てることを躊躇《ちゅうちょ》するようになり、引越しの片付けもなかなかはかどらない。使わなくなったヘアスプレーなども捨てたいのだが、捨て方がわからなくてそのまま放置している。

原因

ルール変更に柔軟に対応できないことと、ルール確認の要領がつかめない

自治体ごとに事情が違うため致し方ないとはいえ、ごみの捨て方は本当に場所によってルールが異なることに驚かされる。ずっと同じ場所に住んでいてもあるときか

らルールが変わると戸惑うが、転居すると同じ「燃えるごみ」という言葉で表記されていても捨てるものが違っている（つまり同じ言葉でも定義している意味が異なる）ため、より混乱しやすい状況だ。

大半の人は言葉の意味が多少違っていても、「こういうことかな？」と何となくでも推測する、それでもよくわからないことについては情報を検索する、といった手順を無意識のうちに踏んで問題を解決するが、発達障害の人にとってはまずこの手順が壁となってしまう。

ＡＤＨＤ傾向が強い人の場合、**行動を組み立てたり自分が楽しいと思わない行動を先延ばししたりすることが多い**ため、ごみ捨てはルールが細かすぎると分けているうちに注意が逸れる、もしくはごみを捨てようという気持ち自体が失せてしまいがちだ。

一方、ＡＳＤ傾向が強い人は**ルールがはっきりしていることは守れるが、ルール変更に弱く、さらに同じ言葉でも意味が違うといった曖昧なことへの対応が難しい。**そのため今までならＯＫだったことがダメとなるとどうしたらいいかわからなくなって混乱したり、行動が止まったりしてしまう。

いずれの場合もごみの捨て方の定義と行動パターンを修正し、新しいパターン（＝ごみの捨て方ルール）に適応した環境整備が必要だ。

解決法　ごみ捨てアプリや自治体ウェブサイトを活用する

筆者が自治会の役員をしたときもごみのルールを守れていないというクレームに対応することが何度かあった。

環境への配慮でリサイクルへの取り組みが進む＝各家庭での分別作業が増加しているため、個別のものについて「これはどうやって捨てるものか」と迷うことも増えている。

第2章でも触れたが、最近はごみの捨て方アプリを出している自治体が年々増えているのも、それだけ多くの人がごみの捨て方について問い合わせるからだろう。

発達障害の人は、まずルールがわからないと行動がストップしてしまう特性がある。**基本的なごみの捨て方については、転入届を出すと必ず自治体からごみの捨て方マニュアルを渡されるから、まずそれを確認しよう。**

また、住んでいる自治体のウェブサイトを見ると、必ずごみの捨て方について書いてある。他にも地域に関する情報が満載なので、**自治体の広報やウェブサイトはブックマークに入れておくといい。**

音声読み上げの対応をしていることが多いので、ディスレクシアの症状があり、読み書きが苦手な人は、それを活用しよう。

ごみ収集の担当窓口に問い合わせる

ごみの捨て方アプリなどで調べてもわからないことがある場合、担当窓口へ問い合わせてみよう。アプリや自治体のウェブサイトを確認すると、電話やＦＡＸの番号や問い合わせフォームがあるので、そちらから問い合わせることができる。スマホアプリだとそのまま電話を掛けられることが多いので、掛け間違いのリスクも少ない。

筆者は以前購入してその後使わなくなった香水びんやマニキュアの捨て方がわからず、窓口へ電話を掛けて問い合わせたら、とても丁寧に捨て方を教えてもらえた。電話が苦手ならウェブサイトから**問い合わせフォーム**を使ってみよう。

捨てやすいものを買う

ドラッグストアやホームセンターへ行くと、スプレータイプの製品がかなり多いことに気付く。スプレーでも、ガスを使っていなければ使いかけでも捨てるのはそれほど大変ではないが、ガスを使うタイプ（防水スプレーやヘアスプレーなど）だと回収時に爆発や発火するリスクがあるため、使い切ってからでないと回収してくれないことがある。**捨てる場合は必ず自治体のルールを確認してから**にしよう。

筆者はガス入りのスプレー製品はできるだけ買わないことにしており、買う場合も代替品がなく、かつ必ず使い切れる靴や傘、かばんに使う防水スプレーと冬場に使う静電気防止スプレーといった物に限定している。

また、住んでいる自治体は一辺が90センチを超えるもの（小さく畳めるものは対象外）は粗大ごみ扱いになってしまうので、家具や家電なども必ずサイズを確認し、それを超える場合はリサイクルや廃棄に出せるか、もしくは自分である程度サイズを小さく切って捨てられるかを考慮してから買うようにしている。

「そこまでして」と思われるかもしれないが、今の時代は物を買うのに比べて処分するのにはかなり手間と労力がいる。

使う楽しさもあるから捨てることばかり考えたら何もできないが、**物を選ぶ際には、「処分しやすさ」も選択肢に加えるとより自分に合ったものを選びやすくなる**だろう。

上手なごみの捨て方

① ごみの捨て方アプリや自治体のウェブサイトを活用する

- 多くの自治体がごみの捨て方アプリを出している
- 自治体のサイトは音声読み上げの対応をしていることが多い
- 転入時にもらったマニュアルも確認する

② ごみ収集の窓口に問い合せる

- ウェブサイトなどでわからないことは担当窓口に問い合わせる
- 問い合わせフォームを活用することもできる
- アプリでは、電話番号をタップすればそのまま電話を掛けることができる

③ 捨てやすいものを買う

- 捨てる際は必ず自治体のルールを確認する
- 購入時にはサイズを確認する
- 捨てる際に小さく切ることができるものを買う

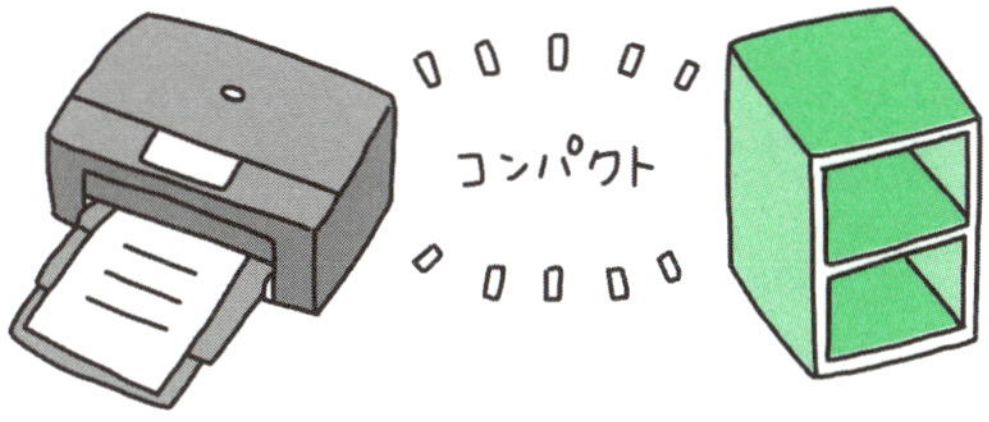

趣味のものがたまってしまう

対策

- 収納場所を決め、定期的に見返す
- リフォームやリメイク、中古市場という手も
- 買う目的を考える

事例

好きなものだからこそ持っていたい

とにかく本が好きで、好きな作家の新作が出たと聞くとすぐに買ってしまう。本を読んでいる間は幸せな気分になれるし、まるで仮想空間を旅しているようだからワクワクしてしまう。

しかし、本に囲まれた生活に憧れて大きな本棚を買ったのはいいが、ふと気が付けば本がぎゅうぎゅうに詰め込まれているし、棚に入りきらない本があちこちに散乱している。

それを見て、「大事な本のはずなのに、これでいいのだろうか？」と自分の行動に疑問が湧いてきた。頭では読み終えた本を手放せばいいとわかってはいる。しかし、それは自分の体の一部を失うかのような気持ちになるし、以前思い切って手放したところ、とてつもなく後悔してしまい、その気持ちや空間を埋めるように書店へ行って新しい本を買ってしまった。どうしたら罪悪感を持たずに憧れているような本に囲まれた生活を送れるのだろう。

原因

ほしいという感情と収納量との折り合いが付いていない

好きなものに囲まれた生活はとても楽しいし、趣味があることで生活にもメリハリが出てくる。趣味のものを買いたいからと仕事への意欲も湧いてくる。そうはいっても、コレクションするタイプの趣味はどうしても場所を取るし、保管や管理について考える必要がある。

スキルを身に付ける趣味でも道具や教材などをそろえるなど、ある程度趣味に関するスペースは必要だ。レベルが上がるにつれ、もっと高機能な道具がほしくなる場合もある。

管理しきれない、あるいは自分のレベルでは十分なものを持っていても、もっと他のものがほしくなる場合、**本当にほしいものは何かを立ち止まって考える**必要がある。たとえば、多くの人は「お金がほしい」と思っているだろうが、本当はお金そのものがほしいのではなく、お金を持っていることで得られる快適さや、ほしいものを手に入れられる快楽がほしいのだ。

これと同じで、趣味を持つことで得られることの大半は物を持っていることではなく、物を使うことを通して体験する感覚や感情がほしいのであり、物を持ったりそれを眺めたりすること＝その感情を思い起こすきっかけだから手放せない。手放すことは、その感情がなくなることと無意識に判断していることが支障になっているのをまず理解しよう。

発達障害の傾向がある人は、往々にして**コレクター体質の人が多い**。しかし、よく観察すると

Column

百円ショップを活用しよう

以前は安かろう悪かろうのイメージを抱きがちだった百円ショップだが、最近はかなり質が上がってきたし、中には「これは他店のものよりいいかも⁉」と思ってしまうような商品がちらほら出てくるようになってきた。

大型店舗の百円ショップはさながらホームセンターのようで、生鮮食料品以外はほぼそろえられるほどバラエティ豊富な品ぞろえだ。ただし、必要ないものを買ってしまっては、いくら百円ショップといえども元も子もない。最近はテスト誌やネットでも比較結果のデータが出ているので、今不満に感じているものやこういうものがほしいと思ったら参考にしてみよう。

お店で一通り探してほしい商品を見付けたら、レジに並ぶ前にかごの中を確認し、「これは今度でいいや」「待てよ？　これは買っても使わないかも」とよく検討する。置きたい場所や一緒に使いたいもののサイズが不明なら、今回は保留にして帰宅後サイズをメモしておき、次回確認してから購入しよう。

筆者が百円ショップで購入するものの基準は、

- 質がある程度価格とバランスが取れているか（安くてもふたが開けづらいといったデメリットがあれば買わない）
- 他のお店のものだと使い切る前に使用期限がきそうなもの（住居用洗剤、製菓材料）
- 消耗品（使い捨て手袋やマスク、メラミンスポンジ）
- 使い勝手を試してみたいもの（マスキングテープ用カッターや足首に巻くダンベルなど）

それでも衝動買いや失敗はあるが、物との付き合い方を学ぶ上での授業料だと考えている。自分にとっての「いいもの」とは何かを考えるためにも上手に活用したい。

ADHD傾向が強い人は新しい物に対してより興味を惹かれるため、次々刺激を求めて買い集め、既に持っているものはどんどん興味が減ってしまう（たまに持っているものを探して新たな刺激となることはあるが、持ち続けるよりも新しいものを求めがちだ）。

一方、ASD傾向が強い人は完璧主義の傾向があるせいか、あれも、これもと関連するものを全部集める、あるいは他の人からすれば些細《ささい》な違いにこだわって比較・分析したがる側面がある。

集めることにこだわりがあるのなら、自分が何に興味があるのかを見極め、精査する必要があるだろう。

解決法 収納場所を決め、定期的に見返す

コレクションしているものがあっても、収納スペースに収まる範囲の量で、金銭面でも生活に支障のない範囲で収まっているのなら特に問題はないし、趣味を満喫できているだろう。

また、のめり込むほど趣味に夢中になっている人もいるが、個人的には心の底から楽しめているのならそれはそれでいいのではないかと思っている。

もちろん周囲の人が負担に感じる、それがきっかけでケンカが絶えないようなら妥協案を考えないといけないが、たいていのケンカの理由は趣味にかかる時間、物、金銭の問題だ。

だとしたら、場所の問題については**保管場所の範囲やルールを決める**必要がある。

たとえば、文房具は引き出し2つに入る分だけ、映画のパンフレットは本棚のこの棚だけと決める。そして、リビングや廊下といった他の人との共有スペースには置かないようにし、もしもそこへ置いたときには捨てられても文句を言わないと話し合って決める、といった具合だ。

その上で、**定期的に見返し**、自分の手元に置くよりも他の人に使ってもらったほうがよいと感じたものは処分するようにしよう。

リフォームやリメイク、中古市場という手も

往々にして趣味のものは手がかかるから、手入れも趣味のうちと思えるかどうかがポイントになる。筆者は、和服や筆記具（ボールペンや万年筆など）を愛用しているが、使い続けるためには自分でもある程度管理し、必要に応じて専門家に修理などを依頼する必要がある。

また、親戚などからもらった着物は丈などを直したり他のものに作り直したりして使う必要がある

し、万年筆はペン先やインクの調整を専門家に依頼して自分の手に合わせてもらうことが欠かせない。

　それでも「自分に合ったものを持つ」という今の製品にはない魅力を楽しむことができる。

「そこまでして」と思う場合はほどほどに楽しみ、よく使うものを中心に手元に置いて**残りは中古市場で処分する**ことも検討しよう。106ページに挙げたサイトも活用したい。

買う目的を考える

　先にも述べたが、好きなものを必要以上にほしがる場合は物を通して得る「何か」を欲していることが多い。そのため、手に入れるまではあれほどほしいと思っていたものなのに、いざ手に入ってしまうとスーッと気持ちが冷めてしまうことがある。

　その場合は、物を買う前の選んだり考えたりする感情や、買うと決めてお金を払った瞬間に抱く高揚感がほしかったのかもしれない。また、人によっては物がある（自分で持っている）ことが目的で、入手したことで安心してしまい、物を適切な形で使うという物本来の機能とは違う目的になっていたのかもしれない。

　当然これらの目的は状況によっても変化するが、このケースの場合、読書を楽しむのが目的だったはずなのに読み終えた本まで手放せなくなっているというのは、おそらくそれらを手放すと読むことで得た幸せな気持ちもなくなるのではという不安からきているのだろう。

　また、大切な本というのならホコリが被らないよう保管し、時折読み返すといった自分の中にある「大切」という言葉に即したものへの対応が必要だ。自分が思っている（感じている）ことと実物の取扱いに距離があればあるほど、自分のイメージと実際の行動が一致していない。それは自分への信頼感を損なう行為だからこそ、ストレスになってますますチグハグな行動になってしまう。

　このケースの場合、**自分が「本に囲まれた生活」を通して得たいことや、本を買うことで得たいものは何かを整理する**。先に述べた方法で読んでいる頻度やジャンルで分けてみると気付くことがあるかもしれない。

　楽しいことや好きなことをして日常生活のストレスを発散させることが趣味の大きな役割だからこそ、それで必要以上のストレスを増やさないことはとても大切だ。まず自分がほしい感情、好きなこと、やりたいこと、趣味を通してなりたい状況といったことを書き出して整理してみよう。

必要なものがすぐに取り出せない

対策

- ○必要以上に物を詰め込みすぎない
- ○原則、物は立てて収納する
- ○ラベルを貼って中のものがわかるようにしておく

事例　絶対この中にあるはずなんだけど

今日は久々に休みを取って展覧会へ行くことにした。

せっかくだからと新しく買った洋服を着ていこうとクローゼットを開けたのはいいが、ハンガーバーにぎっちり洋服がぶら下がっていて、探そうと手を入れたらかかっている洋服がドサッと落ちてきて元に戻すのに手間がかかってしまった。

「もしかして引き出しに入れたのかな？」と思って引き出しを開けてみたが、こちらも洋服が折り重なっている上に、引き出しに貼ってあるラベルと全然違うものが入っていて当てにならない。

これ以上探したら夕方までかかりそうなので、諦めて昨日着ていた洋服に袖を通して外出したが、新しく買った洋服で出かけられなかったことがずっと心に引っかかってしまって今ひとつ楽しめなかった。

原因　衝動的にラベルを無視して詰め込んでしまう

収納というと物をたくさん入れることをイメージしがちだが、実はそのスペースにぎっちり物を入れるのは適正量を超えている。物を入れられるのはだいたいスペースの7割から8割が限界だと思ったほうがよいだろう。

たとえば駐車場に車を入れるにしても、車を出し入れしたり人が乗り降りしたりするスペースが必要だから、その土地全部に車を停めるのは事実上不可能だ。物をスムーズに出し入れするのもこれと同じで、引き出しや棚に手を入れても支障がない、他のものにぶつけずに動かせることが必要になる。

また、隙間があるからと**ラベルに貼ってあるものと違うものを入れるのは厳禁**だ。特にＡＤＨＤ傾向が強い人は、衝動的に「あ、ここ空いている！」とやってしまいがちだが、後日どこに入れたのか忘れて探し回ることになる可能性が高い。ラベルを貼る意味はルールを決めるというのと同時に、たとえルールを忘れても思い出すことができるという側面もある。そのため、ラベルを無視するという行為は、自分が決めたルールを破っていることに等しい。ルールを変えるのなら、その場でラベルを貼り直すくらいの気持ちでやったほうがよい。

収納を買い足す際の事前計画の例

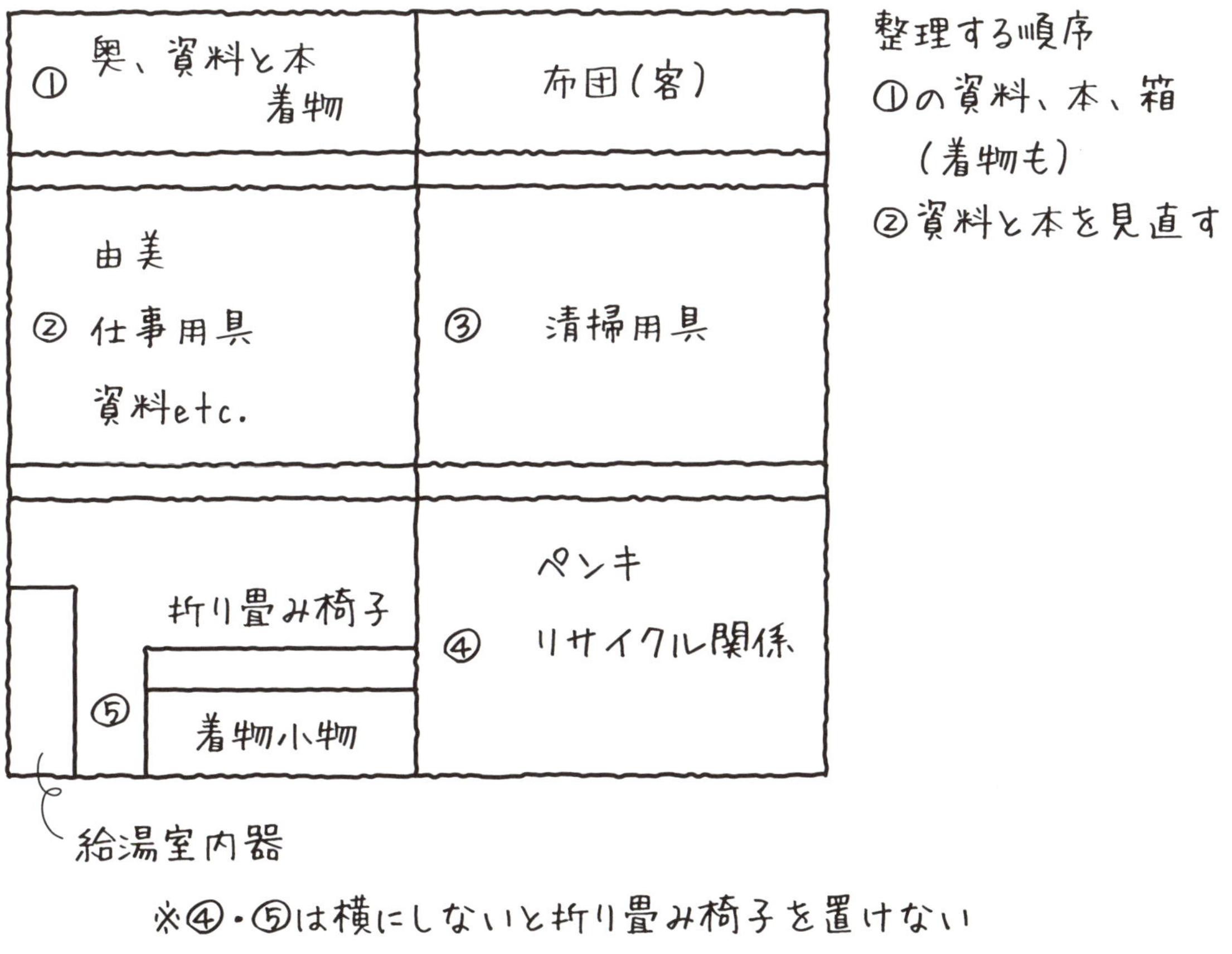

入れ方についても、高さや奥行きがある引き出しにどんどん物を入れていくと地層のように物が重なっていくため、どんなにきれいに畳んでも取り出す際クチャクチャになってしまう。発達障害の傾向がある人は全般的に洋服をきれいに畳むといった作業が得意ではないが、特に手先が不器用な人は要注意だ。

解決法 詰め込みすぎは厳禁

先に述べたように、たくさん入ることは出し入れしやすいことではない。物は使うためにあるから、出し入れのしやすさは収納において大事なポイントだとまず認識しよう。

今の収納がキチキチで物を出し入れするのに支障が出ているのなら、「物を捨てられない」で述べたような基準で、まずは今ある持ち物を減らしてみることから始めよう。ただし、日本の賃貸住宅は収納が少ないため、相当努力して物を減らしても、一人暮らし向けの物件では収納を買い足す必要がある。その場合でも、まず何をどこに収納するのか図に描く、ドアの開閉や家事の動作をシミュレーションしてサイズを計測する（数字だと把握しづらい場合はチラシなどを切って床に置いてみる）といった**具体的な事前計画を立ててから購入する**ことが大切だ（前ページ参照）。

また、購入するに当たっては、できたら将来的に組み替えたり転居後にも使えたりする汎用性が高いものを買うようにしよう。

原則物は立てて置く↓箱、ケース、かご、フックの活用

引き出しや棚に入れる際、**物を立てて収納する**ことで物が見やすくかつ簡単に取り出しやすくなる。そのためには空き箱やケース、かごなどでおおまかに仕切って立てて入れておくと、物を出し入れする際に倒れない。特に紙や洋服といった薄いものは、一時的に置く場所以外は立てて入れることで層になるのを防止できる。

筆者の自宅を訪れる人たちからは、「全部仕切ってある！」「野菜まで立たせちゃうなんて！」と驚かれるが、片付けが苦手だからこそ物を簡単に出し入れするための対策だ。

そのままでは立ててしまうのが難しいものは、フックやハンガーで吊す、ピンチではさむ、ポーチや袋などに入れるという方法もある。畳んで箱に入れても崩れてしまうシフォンのスカーフや薄手のストールなどは百円ショップのビニールポーチやファスナー付きのビニール袋に入れて空気を抜いてしっかり閉じておけば、立ててしまえる上に虫にも食われない。

どうしても並べて収納したいものがあるときには、浅い引き出し収納を選ぶ、棚板を増やす（ホームセンターなどで棚のサイズに板を切ってもらう）という対応をして重ならないようにしまおう。

ラベルを貼って中のものがわかるようにしておく

インテリア雑誌を見ると、必ずといっていいほど引き出しなどにラベルが貼ってある。片付けられなかった頃は、「なぜあそこまでするんだろう？」と疑問だったが、自分でやるようになると「なぜ今までやらなかったのだろう？」と思うようになった。

改めて理由を考えてみると、わざわざ中を開けなくても中身がわかる、他の人にもわかりやすい、というのがまず思い浮かぶ。実際、我が家もすぐに忘れる＋物を探すのが苦手な夫のために、あちこちにラベルを貼っている。

ラベルを貼っていなかった頃には、どこに何が入っているのかを細かく覚えていなければならず、当然すべてを覚えていることは不可能だったので、あちこち引き出しなどを開けて探すという悪循環になっていた。

ラベルは、**「そこに物があると知らせるため」「ここに入っていますよと自分や他の人に安心してもらうため」**に貼るので、「そこが空いているから」という理由で他のものを入れたりするのは本来の意味と反するためルール違反なのだ。ラベルを貼っているのにそれと違うものが入っていたら、「本当に入っているの？」と疑心暗鬼になってしまい、ラベルの信用力を落としてしまう。

中身を変えるときにはラベルに追加記入する、もしくは貼り直す

ラベルを貼って中のものがわかるようにしておく

Point

1. 空いているからといって他のものを入れない
2. 中身を変えるときには、ラベルに追加記入する、もしくは貼り直す

必要があるし、それが面倒ならそこに入れないというルールを意識することが必要だ。

ラクに出し入れできるケース、かばんなどを使う

外出時に必要なものをすぐに出したいのになかなか出てこなくて困惑することは誰しもあるだろう。たとえば、

- バスや電車に乗るとき（ICカードや現金）
- 会計時（現金、クレジットカード、クーポンやポイントカード）
- 病院などの受付時（保険証や診察券、お薬手帳）
- 電話やメールが来たとき（携帯電話）
- 音楽を聴きたいとき（イヤホンやヘッドホン）
- 雨が降ってきたとき（折り畳み傘）

になかなか物が出てこないと焦ってしまう。自分の都合だけならいいのだが、後ろに人を待たせていたりするといたたまれない気持ちになってしまうだろう。

筆者は関節や靭帯の問題もあるため指先に力が入りにくい、手首の固定力が弱くて不安定な状況で物の出し入れをする（立っている状態でかばんから財布などを出す）ことがとても苦手なので、できるだけラクに物を出し入れできるようなケースやバッグを利用している。

財布やかばんに求める条件は人や状況で異なるが、出し入れのしやすさという観点から考えると、

- 小物が入るポケットや鍵などを吊り下げられるフックがあるか（なければ複数持ちといった対策が必要）
- 大きなものは立てて入れられるか（ファイルやノートなど）
- 持ち歩くものの形状に合っているか
- 中身がグチャグチャにならないか

といったことなどが考えられる。

筆者は細長いショルダーバッグに薄い長財布やA4用紙を三つ折りにして持ち歩けるチケットホルダー、角型がま口のカード入れ、イヤホン用のポーチを入れて散歩や近所への買い物はこれにエコバッグだけ持って出かけている。

ケースやかばんについては2つから3つほどのパターンがないと難しく、おおまかなスタイルは見えてきたがまだ試行錯誤している。

この数年で金銭の支払方法なども現金決済が減少し、ポイントカードなどもアプリで事足りることが増えてきたので、今後手荷物にも変化が訪れるかもしれない。**自分にとって使いやすいものとは何か、必要なものをどう管理するか**、と考えることが重要になりそうだ。

第5章

コミュニケーションの問題を解決したい

人間関係は究極の調整作業

発達障害(特にASD)はコミュニケーションの障害と定義されている。苦手とする「暗黙の了解」とを尊重しつつ他人に自分の状況をどう伝えるといいのかを整理しながら適切な調整方法を探っていこう。

連絡を忘れる

対策

- スケジュールにタスクとやる時間を記入する
- メールやチャットツール、SNSを活用する

事例

やらないといけないとわかってはいるのだけど……

昼休みに食事を終えて少しのんびりしていたら、スマホにメッセージが届いた。

「何だろう?」とメッセージを見てみると、「今度のオフ会、会場の件はどうなっているんだ?」と趣味のサークル責任者からの連絡だった。

「あ、いつもの会場が予約でいっぱいで、別の場所に変更したことを連絡し忘れた!」と慌てたが、そろそろ休憩時間が終わるため、すぐには詳細なメッセージを送れそうにもない。おまけにスケジュールを確認したら、今日は夜に会社関係の会合が入っていて、帰宅するのは夜遅くになるだろう。

おそらく、その時間まで連絡しなければ絶対先方から怒られるし、だからといって仕事の合間にサボって詳細なメッセージを送るわけにもいかない。どうしたらいいのかわからなくなって、思わず頭を抱えてしまった。

原因

連絡の必要性と手順をはっきり把握していなかった

人間関係は楽しい反面わずらわしいことも多い。特にコミュニケーションは、その代表的なものだろう。

ところが、発達障害、特にASDの傾向が強い人は**コミュニケーションの問題を抱えやすい**。それというのも、自分の都合と周りの都合とを秤にかけたときに自分の都合を優先させがちなのと、「相手にとって共有しないといけない情報は何か？」という見極めが感覚的に困難なことが関係しているる。また、自分が知っているから相手も知っている（はず）と誤認識しがちな特性も併せ持つため、「現状がどうなっているかを報告する」のを忘れがちだ。

一方、ADHDの傾向が強い人は連絡する必要性は理解しているが、仕事などの他の用事が入ると思い出せない、必要な情報を探す前につい他のことをして忘れてしまう、といった注意の問題があるため、連絡すること自体を忘れがちなことと、連絡するための行動手順を組み立てることが苦手で、**連絡することを先延ばしにしてしまう**側面がある。

いずれにしても、自分のこういった特性を認識して、何か連絡などを担当する際には状況を確認してもらうといった配慮や協力を求めることがとても大切だ。

Column

主婦向け雑誌は情報の宝庫

主婦向け雑誌は男性にはあまりなじみがないかもしれないが、実は昔から発行されていて知らないうちに浸透している。たとえば、書店で赤と白の表紙の家計簿を見た記憶は多くの人があるだろう。

それは婦人之友社が出している家計簿でロングセラーだ。フォーマットはかなり細かく決められており、協力団体などからの集計データがあるので、予算の目安や見直しなどをするのに参考になる。母体である雑誌『婦人之友』も100年以上の歴史がある。

他にも創刊から20年以上の歴史がある雑誌が何冊もあり、それぞれに根強いファンがいる。

これらの雑誌には家事に関するスキルはもちろんだが、他にも収納、家計管理といった生活スキルに関わるあらゆる情報が網羅されているため、一人暮らしを始めた男性にも参考になる。

よく考えれば大半の人は一人暮らしをする前は、家事はほぼ初心者なのに、家庭科の授業などで学ぶ家事スキルはほんの一部にすぎない。また、家庭科の成績と家事スキルは必ずしも比例しない。生活は人の数だけあるからすべて応用問題で、それは教科書だけでは学べないからだ。

当然雑誌に載っている情報もすべて鵜呑みにする必要もなく、自分にとって必要なものを取り入れればいい。最初のうちは書店や図書館、雑誌の読み放題サービスなどで比較して、「これは読んでみたい」と思う情報や雑誌を選んでみよう。

たとえば、事前に「うっかりミスをしやすいので、連絡がなかったら確認してもらえるとありがたい」「対応すると、それでホッとして変更点を伝え忘れてしまいやすいので、何か変更点があったかと適宜聞いてください」といった一言があるかどうかでもだいぶ印象が変わってくる。

それでも言葉以外では詳細な会話ができない以上、相手に連絡して現状を報告・説明できるのは自分だけだ。だとしたら、**ある程度報告の手順を作っておき、状況に応じて対応できるよう準備しておくこと**が望ましいだろう。

解決法 手順を確認する

仕事でもそうだが、いきなり作業を開始するよりは、**まずやることを確認すること**、そして**情報を整理すること**が大切だ。特に相手に連絡する際は、

- 誰が（誰と）
- いつ（いつまでに）
- どこで
- どのように
- 何をするのか
- いくらかかるのか
- 何が変わったのか（変更なしなら必要に応じて「変更なし」と伝える）

といった情報は最優先で伝える必要があることを頭に入れておこう。ノートやパソコンに注意書きを貼っておいてもいいかもしれないし、送信する前にこれらの情報が入っているかを確認してもよい。

うっかり忘れた際には、ついできなかった事情を説明したくなるが、それは相手に事情を聞かれるまでは、「仕事が立て込んでいて」「体調が悪くて」といった最小限の情報にとどめ、とにかく「必要な情報を伝えられていない」ことに関して謝罪しよう。その上で変更点あるいは解決案などをセットで伝えたほうが相手にとっては役に立つ。

また、今回のようにすぐに詳しい事情を返信できない場合、トイレへ行く前後や会合の前などに取り急ぎ、

- 日程は同じ（いつ）
- 会場はいつもの場所はダメだった（どこで）
- 他の場所を押さえた（変更点）
- 追加費用の有無（いくらかかるのか）

をまず返信しよう。そして、「今夜は帰宅が遅くなるので、それ以降に詳細を送る」と連絡すれ

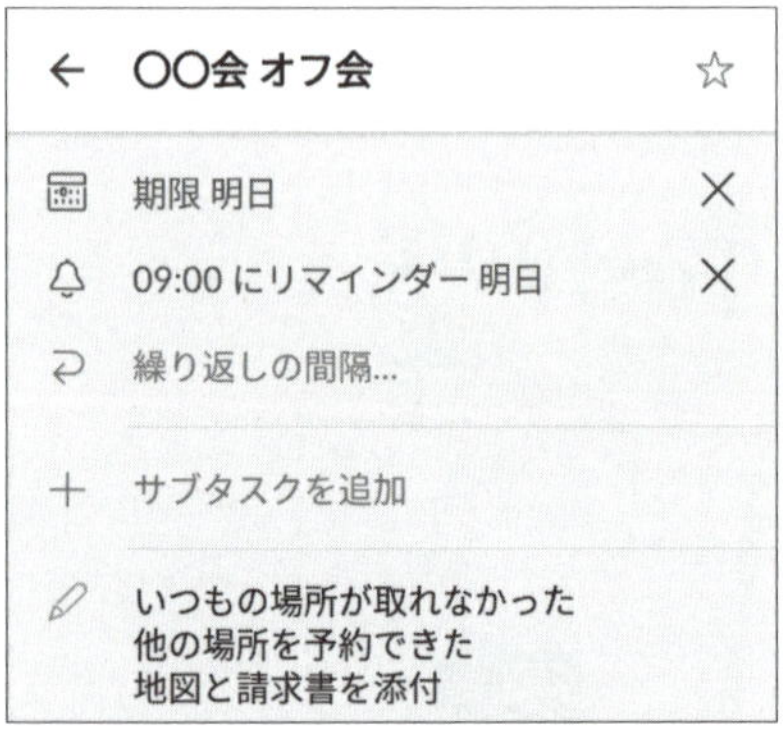

スマホのタスクリストに連絡しなければいけないことを記入し、リマインダー設定しておく。

応急措置として送るメールの具体例

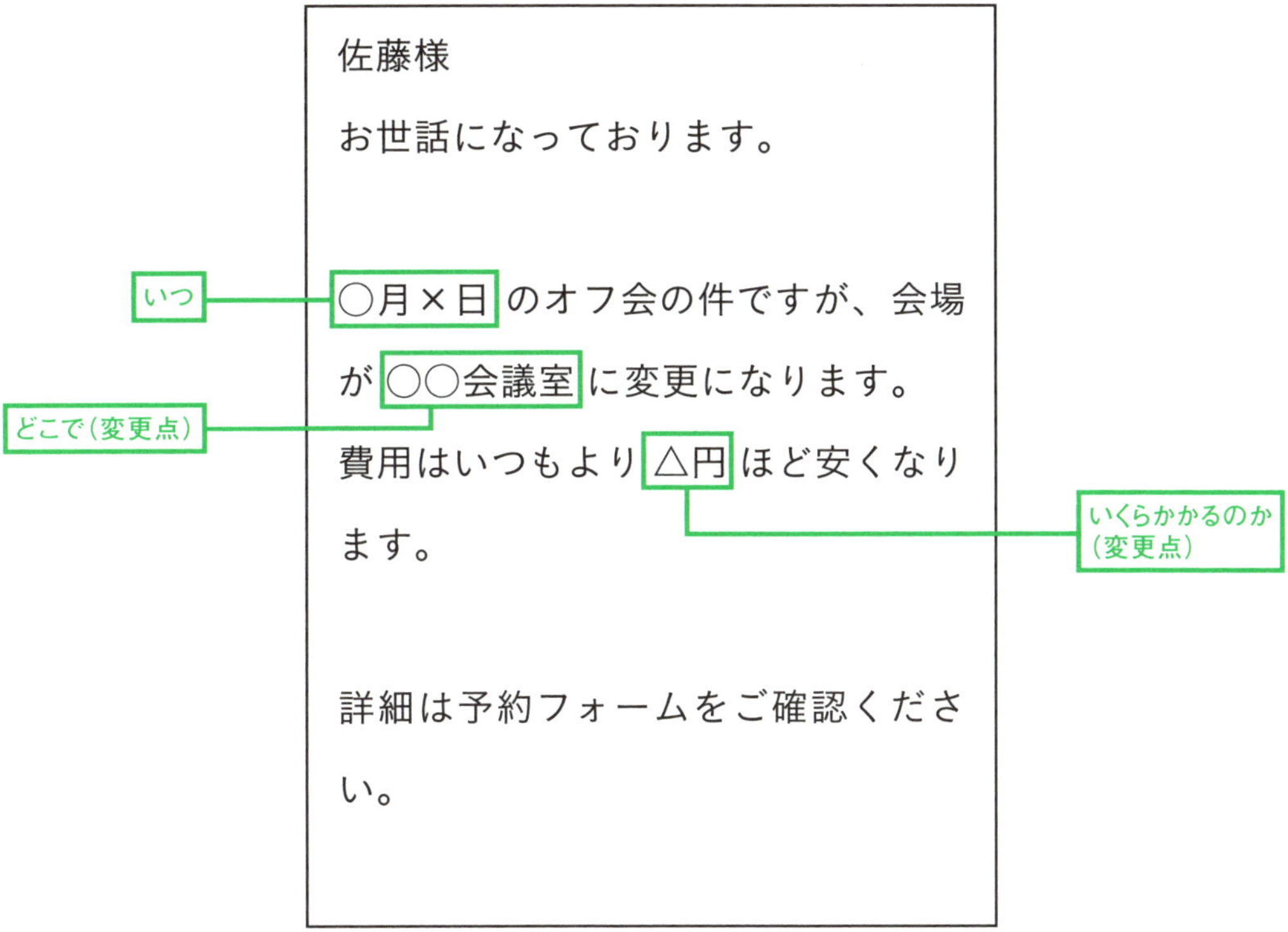

ば、先方はとりあえず場所を押さえたという状況を知ることができる。これ以上亀裂を作らないよう、**まず応急処置をする**、という発想も時には必要だ。

スケジュールにタスクとやる時間を記入する

会場変更などの連絡はすぐにするのが望ましいが、都合によっては、どうしてもすぐにはできないこともあるだろう。その場合は、**スマホのスケジュールもしくはタスクリストにいつ頃（あるいはいつまでに）やるのかを記入し、リマインダー設定しよう**。タスクリスト自体をメンバー間で共有化しておく方法もある。

コミュニケーションを円滑に進めるためには時間、物、金銭関係でトラブルを起こさないことがとても重要だ。言葉が人と人をつなげるツールだとすると、これらはそれを下支えする尺度だからである。言葉そのものはとても恣意的で、時に不確実なものであるため、言葉や行動に信用を持たせる、あるいは確実に行動してもらうために締切りや金額、場所や実物を設定しているのだ。

だから連絡を怠ったり、約束があやふやになったりすると言動の裏付けが弱くなり、自分の信用力が落ちる。信用はこの世界で生きていく上で見えない財産なので、それを少しずつ増やすつもりで導入・設定してみよう。

メールやチャットツール、SNSを活用する

発達障害の人は、音声言語のやりとりが苦手な人が多い。そのため、**文字のツールを活用するとコミュニケーションがうまくいくことが多い**。これは、声の勢いや大きさといった他の要因に気を取られず、内容に集中できるからだ。メモを取るのが苦手な場合でも、最初から文字ならば負担も少なくなる。

日時や場所といった情報の場合、文字のほうがより確実だし、メールならやり方を知っていればコピーや転送機能を使うこともできる。

筆者は、夫が音声言語でのやりとりだと内容を覚えていられないこと、声を掛けられたことに気付きにくいこと、音声だと会話の内容を理解しづらいという特性があるため、20年近く家の中でもメールやメッセージツールで連絡をしている。音声でやりとりをするのは文字入力が難しい買い物時（家での在庫を確認してもらうため）や緊急時（どちらかが忘れ物をしていて、どう対応するかなど）くらいで、プライベートの会話でもメモ帳が欠かせない。

最近はメール以外にもグループ用に**SNS**や**チャットツール**を使うことも増えてきた。実際、こちらのほうがメッセージなどを送るのも気おくれせずにできるし、一度に複数の人に連絡するのにも手間がかからない。

年配の人が多いサークルだとパソコンやスマホに慣れていない人が多くて難しいかもしれないが、いざというときは音声通話も可能ということもあってか、最近はちょっとした連絡には、メールよりもSNSのメッセージアプリのほうが活用されている。

トラブルになるリスクを懸念する人もいるかもしれないが、アプリ設定で制限を設ける、最初は幹事などの特定メンバーだけ利用するといった段階的な導入を考える、あえてビジネス向けのツール（タスク管理などもこちらのほうがやりやすいのと、公私の連絡を分けられる）を導入するといった対策を検討してみるといいだろう。

お勧めのチャットツール

ツール	特　徴
LINE	• チャットも通話も無料で利用できる • 豊富なスタンプを利用して会話ができる • 画像や動画も共有できる
Messenger	• Facebookの友達ユーザーとメッセージの送受信、電話が可能 • Facebookでしかつながりのない人とも会話ができる
Skype	• Skypeのスマホアプリ版。パソコンと同じくチャットも通話も無料で利用できる • 通話やビデオ通話が実用的。Wi-Fiがなくても使用可能
チャットワーク	• 通話、ファイル共有、タスク依頼などの機能がある • ビジネスでの利用に適している
ハングアウト	• 写真や絵文字、ビデオ通話などが利用できる • グーグルアカウントがあれば、どのデバイスからでも利用可能

つい余計なことを言ってしまう

対策

- まず相手のリクエストや話を聞く
- 「自分の意見を言ってもよいか」許可を取ってから発言する
- 相手が知りたくない、聞きたくないことは極力言わない

事例 悩みを聞いたつもりだったのだが……

久しぶりに実家へ帰省して家族と食事をしていたら、就活を控えた弟が「いろいろ不安」と言ってきたので、「ちゃんとエントリーシートは書けたのか？」などとアドバイスをしたところ、「別に意見は求めていない」とムッとした顔をされてしまった。

せっかく経験者としてアドバイスしてあげようと思ったのに……とイライラしたが、少し冷静になってみると、自分も就活時に同じようなことを親しい人にしてしまったことを思い出し、申し訳ない気持ちになった。

振り返ってみると、相手が悩んでいるようだから参考になればと自分の意見を伝えても相手があまりうれしそうではなく、それ以降距離を置かれたことが過去にも何度かあった。

そのときには、「余計なことを言ったな」と反省したが、どうも話しているときはそれに気付くことができない。無意識だから自分でも何が理由かピンときていないのも困ってしまう。他の人はどうやっているのだろう。

原因 相手が何を求めているのか察知できない

食事などで会話をしているときに、誰かがついフッと悩みごとや愚痴《ぐち》を打ち明けることがある。そのときに相手が求めているのは、たいていは「そうなんだ」「大変だね」といった共感であることが多い。

そのようなときに現実的なアドバイスや意見を言うのは相手が求めていない限り場違いだし、時間も限られている以上、通り一編なことしか言えないから、相手の悩みに沿った解答ができる可能性は低い。

発達障害とりわけＡＳＤの傾向が強い人は、知識が豊富なこともあってか、つい自分が詳しいと思う話題に関しては説明したり教えたくなったりする傾向がある。

しかし、**相手が聞き入れる態勢にあるかどうかをほとんど考えずに話してしまい、結果として相手に不快な思いをさせてしまいがち**だ。

また、ＡＤＨＤ傾向が強い人の場合、相手の感情を害する可能性があることはわかっていても、**思い付いたことをその場の状況を無視して口に出してしまう**ことがままある。

会話は流動的なため、その場の雰囲気を感覚的につかむことが苦手な場合、まず相手は自分から意見を聞きたいのか、それともちょっと愚痴を言って気分転換したいのかを観察してから発言するようにしよう。

解決法　まず相手のリクエストや話を聞く

言語リハビリや療育支援の仕事をしている際、ご家族から「せめておしゃべりでもできるようになれば」と要望されることが何度もある。

しかし、雑談をするためには高度な情報をやりとりするスキル、特に非言語のコミュニケーション情報を操作するスキルが必要だ。雑談やおしゃべりは日々何気なくしているから、簡単で誰でもできると思われがちだが、会話は突然、主語や時系列、話題が変わるため、文脈から状況を推測する力が必要となり、発達障害の人にとって難しいことが多い。

とはいえ、難しいからといって何も話さないわけにはいかないから、まず非言語のコミュニケーション情報の存在を認識する（あるいはしてもらう）ことから始めてみよう。

先にも述べたが、**まず相手がこの会話で何を重視しているのか**（ちょっとした愚痴を漏らしたいだけなのか、アドバイスを求めているのか）を考えることが必要だが、大半の会話の場合、双方が混じっていることが多く、中にはアドバイスを求めているように見えて実は単なる愚痴であることもめずらしくない。

こういわれると混乱するかもしれないが、

①食事や作業の合間、もしくは他の人がいる場面

②それほど親しい間柄ではない

③相手から具体的な話が出てこな

い（固有名詞や具体的な数字など）

④本人の努力だけではどうにもならない話題

といったことが1つでも当てはまるとしたら、まず愚痴や本人の感情整理だと思ったほうがよい。そうでない場合でも、まず愚痴や感情を整理してからでないと、人は具体的な悩みを打ち明けたり、他人のアドバイスを聞いたりする状態になれないことが多い。

つい自分の話ばかりしがちなタイプなら、**まず相手の話を黙って聞く**練習から始めてみよう。すると、今まで見えてこなかった相手の感情や悩みが見えてくるかもしれない。

また、一度に複数の情報を処理するのが苦手なタイプなら、**「相手が伝えたい（求めている）ことは何か？」**にまず焦点を絞って話を聞いてみよう。

「自分の意見を言ってもよいか」許可を取ってから発言する

相手が話しているうちに表情がホッとする、もしくは「まあ、仕方ないんだけどね」「ぼちぼち頑張るよ」といった、**話に区切りを付けるような言葉が出てきたら、自分の意見を言ってもいいタイミング**だ。

「さっき話していたこの分野の情報なら少し知っているけれど、もしよかったら話してもいい？」とか、「そのあたりはたまに行くから、今度調べておこうか？」といった、相手にとって有益かつ知らない情報なら、相手も「話を聞かせてほしい」となるだろう。

ただし、ちょっとした休憩時間など時間に余裕がないときに長々と自分の意見や情報を話すことは、一般にはマナー違反とみなされる。また、第三者がいる前でネガティブな内容や厳しい意見を言うのも好ましい態度ではないので、よほど親しい間柄でない限り避けたほうが無難だ。

相手が知りたくない、聞きたくないことは極力言わない

たとえ「相手の意見が正しくない」と思ったとしても、相手に自分の話を聞いてもらうためには、**話をしたい欲求を少し抑える**必要がある。

人間関係の難しいところは、たとえ正論だったとしても、必ずしも相手がその意見を受け入れてはくれないことだ。また、場合によっては正論を主張することで関係が悪化することにもなる。

その発言をしないと、大きな問題になる場合は別だが、**相手が知りたくない、聞きたくないことは極力言わないことを心がけよう。**

相談を受けたときの上手な対応方法

Point 1 相手がこの会話で何を重視しているのかを考える

- 単なる愚痴なのか、アドバイスを求めているのか見極める
- 愚痴とアドバイスの両方が混じっていることもあるので注意が必要

Point 2 相手の話を黙って聞いてみる

- 今まで見えてこなかった相手の悩みや感情が見えてくることがある
- 自分の話ばかりしがちなタイプの人に最適な方法

Point 3 「相手が伝えたいことは何か？」に焦点を絞って話を聞く

- 一度に複数の情報を処理するのが苦手なタイプの人に最適な方法

Point 4 話に区切りを付けるような言葉が出てきてから自分の意見を言う

- 時間に余裕がないときは長々と話さない
- 第三者がいる前ではネガティブな内容や厳しい意見を言わない

話し合いがうまくできない

対策

- 問題解決だけに走らない
- 相手が考えていることを文字や図表にする
- 相手への感謝を具体的な行動で示す

事例　話し合いっていったい何をするの？

母から「今後のことを話し合いたい」と連絡が来たので、「何を話し合うのか」と不安を覚えながら帰省したら、両親から、「この家もそろそろ古くなってきたが、今後戻ってくる予定はあるのか？」と聞かれた。

「まだわからない」と正直に答えると、「リフォームや建て替えを考えるにしても、戻ってくるなら二世帯住宅も視野に入れるし、予定がないのなら売却も検討しないと」と言われてしまい、「え？　売却？」と驚いてしまった。

一方、母からは「あなたの考えを聞いてから決めようと思っているのよ」「ずっと住んでいる場所だから愛着もあるしね」とまた違うことを言われてしまった。

これではいつまで経っても埒《らち》が明かないと思ったので、「お父さんとお母さんでも意見が違うみたいだから、まず二人で話してよ。こっちも転職や結婚などで状況が変わるだろうけど、引っ越すなら何かあったときにすぐに駆けつけられるところがいいな」と要望を伝えたら、「あなたの状況でこっちも変わるから聞いているんでしょ！」と母に叱られてしまった。

「いったい何のために帰省したんだよ！」と思ったが、そもそも母の言う「話し合い」ってどういうことを指しているのだと疑問に感じてしまった。

そういえば、両親と話し合うときは結局どちらかが感情的になってしまう。自分が意見を伝えてもまともに聞いてもらえず、親の話も一向に要領を得ないから早く終わらせたくて、要点を絞ろうとして怒られることが多かった。

「話し合い」というのは、問題を解決するために必要最低限の時間で議論して、あとは行動に移すためにすることだと思うし、少なくとも会社ではそうなのだが、何が違うのだろう。

原因　家族としての当事者意識の低さと話し合いになる前の下準備への認識の違い

会社での会議などが必要最低限の議論と時間で終わるのは、会議の目的や内容が明確だからだ。加えて会社の場合、「物を作ったり、顧客へ何らかのサービスをしたりして会社を維持・発展させるための利益を得る」というわかりやすい前提がある。

しかし、家族や地域社会の場合、この前提条件が曖昧なため、複数の人が協力して何かをする、話し合いをして何かを決めるのには成立する前のお膳立てが必要だ。おそらく、事例で両親が「話し合い」と言ってきたのは、本格的な議論に入る前の事前調査であり、お互いの状況を確認し合いつつすり合わせをしていこうという思惑だったのだろう。

よく考えれば、会社では定期的な打ち合わせやスケジュール確認といった会議をするお膳立ての仕組みが組み込まれている。お膳立てが度を越せば必要以上の束縛（退社後の飲みなど）になるかもしれないが、これがゼロでも円滑なコ

Column　お勧めは「ながら筋トレ」とラジオ体操

我が家では毎朝ラジオ体操（第一、第二）をするのを日課にしている。番組が放送される時刻に合わせて行うのは難しいため、タブレット端末にラジオ体操の音楽を入れて再生スピードを少し遅くして負荷をかけながら行っている。ラジオ体操は曲げる、伸ばす、ひねる動きが万遍なく入っており、真剣に行うと最初のうちは息が切れるほどだ。

ラジオ体操は、学校などで教わった経験がある人が大半だからお勧めだ。基本的な動きを覚えているし、動きを忘れていてもネット動画で確認しやすいという手軽さもありがたい。集合住宅なら状況に応じてジャンプの動きは省略する、深夜や早朝を避けて行うといいだろう。

一人だと続けられないかも、というのならネットで探すとラジオ体操を自主的に公園などでしている場所の情報が掲載されているため、都合がつくようなら試しに参加する手もある。

ラジオ体操が大変なら、食後に歯磨きをしながらスクワットする、食事の間や仕事の合間にペットボトルをひざの間にはさむ、家の中にいるときは足首にダンベルを巻いて過ごす、といった何かしている間にさり気なく筋トレできる「ながら筋トレ」もお勧めだ。

ただし、関節などに痛みがある、医師から運動制限がかかっている場合はいきなりトレーニングを始めるとかえって悪化するため、医師や理学療法士といった詳しい人と相談しながら進めていこう。

ミュニケーションは望めない。このように「何かを一緒にする」ことで組織や社会への帰属意識を強め、個人単位では難しい課題解決の推進力を育てていくのだ。

ところが、発達障害とりわけASD傾向が強い人だと、このような**曖昧かつ非言語のコミュニケーションが非常に苦手なことが多い**ことに加えて、**集団行動にもストレスを感じやすい**。またADHD傾向が強い人も、どこに焦点を絞ったらいいかわかりづらいため、コミュニケーションに行き違いが生じやすくなるし、**ルールに即した手続きを踏むことが苦手**な人も多い。

この手のことは感情面の整理と手続きの煩雑《はんざつ》さといった要素が絡むだけに、まずお互いの意向を確認したいという両親の意向は理解した上で、こちらも家族として何ができるのかを一緒に考えるという姿勢を示す必要があるだろう。

解決法　問題解決だけに走らない

面倒なことは早く終わらせたいし、さっさと行動して問題が解決できれば合理的でよいと考えがちだが、残念ながら人はそれほど合理的な生き物ではない。特に感情の整理＋手続きが重なることにおいては、まず感情の整理を手伝ってからのほうが、結局全員が納得のいく結果になる。逆にいえば、この感情の整理や事前のお膳立ての段階がない、あるいは意見を反映してもらった実感がないと、あとで「あのときは……」といった摩擦が生じやすい。

もちろん問題解決するための行動は大切だが、そこで「支援を求めればいいんじゃないの」と問題解決策だけを提案してばかりでは、反発を受けるのは必至だ。奮闘している人たちにとっては、そう言ってくる人は「当事者意識のない、他人事ばかりの理想を言う人」と感じるので、「これだけエネルギーを注いで大変な思いをしているのに、簡単に片付けられては困る」という心境になってしまう。まず、**そう思った理由を聞いてみる**ことから始めてみよう。

事例の場合、両親は自分たちの友人知人、あるいはその家族が病気などで倒れて入院し、本人や家族が大変そうにしているのを見たのかもしれない。それで、「自分たちが同様のことになっても子どもにできるだけ迷惑を掛けたくない」「このままだと介護が必要なときに困るからそれに備えておきたい」と思ったのかもしれない。

このときには、家族としての場やそう思った動機を共有すること、そして自分のことで精一杯で、そこまで考える余裕がなかったことを伝えることが、一見遠回りのようで問題解決への近道だろう。

相手の考えを図示してみる

	両親	自分
今後戻る予定は? ↓ 戻る気がないなら、子どもをあてにしない生活に変えよう	・今まで住んでいるから愛着がある ・荷物の処分や引越しは大変そう…… ・子ども(たち)はどう思っているのか	そんなこと言われても、結局決めるのは親だし、自分は仕事で忙しいから…… ↓ ① 当事者意識が低い
	・子どもの意向を探ろう ・老後の生活を考えて実行しよう (・近所のAさんもご主人が倒れて大変そうだった) 子どもに負担をかけたくない	・何だ、結局 何も決めてないんじゃないか! →じゃあ 決まってから動けばいいや ↓ ② 両親の状況や気持ちを軽視

↓

母が①・②の感情を察知して「こっちの気もしらないで!」と叱った

自分の感情を図示して整理する

日時	誰に対して	どんな状況	どんな気持ち
昨日	夫に対して	夕飯の時間を過ぎてもリビングに来なかった	約束したことを守ってもらえず、嫌な気持ち ・二人で決めたのに…。 ・アラームも鳴ったはずなのに…。

理由：おそらく仕事の区切りが悪く、そちらを
優先させた

→ 仕方ないかもしれないが、

①これをデフォルトにされると約束の
意味がなくなる（約束のディスカウント）

②こちらも仕事を抱えているけど、
約束を守ろうと努力しているのに
それを軽視している（妻の事情のディスカウント）

☆ルールを守るか、変える必要あり
→ 夫に気持ちを伝える

相手が考えていることを文字や図表にする

　相手の話を音声だけで聞いていると、だんだん混乱してくることは誰にでもあるだろう。そんなときには、**相手の考えを図示**してみたり（135ページ参照）、**こちらが伝えたいことを文字や図表にして示してあげる**（前ページ参照）と理解しやすくなる。筆者の夫は音声言語だと聞き忘れや聞き間違いが多いので、最近はちょっとしたことでもメモやノートに記入してこちらが伝えたい意図や要点を書いている。すると彼がこちらの意図とは全然違うところに着目していたことが判明し、通じなかった理由もわかりやすくなる。

　中にはメモや図表を「会議とか仕事みたいで嫌」と感じる人がいるかもしれないが、さすがに場の共有や気持ちの共感だけでは先へ進めないので、論点を明確にすることも必要だ。

　文字や図表にすることで、相手も「自分が言いたいことはこれだったな」とか、「ここはちょっと違う」という反応を示してくる。実は、これも一種の場の共有であり、お互いの状況や情報を把握するにはとても有効な方法である。

　ただし、時には相手にとって触れてほしくない事柄も隠れている。それについては、相手が言わない限り深追いしないことが賢明だ。

「自分のためにエネルギーを使ってくれた」ことへの感謝を行動で示す

　話し合いで自分が想像した内容よりよい結果が出なかった、あるいは相手とうまく折り合いが付かなかったとしても、**自分のために時間とエネルギーを使ってくれたことには感謝するようにしよう。**

　「でも、それって相手も同じなのでは？」と思ったかもしれないが、実はコミュニケーションにおいて、相手の能力やエネルギーを自分の労力と差し引きする行為はトラブルを引き起こしやすい。自分は自分、相手は相手と分けて考え、相手が自分にしてくれたことへはお礼を言おう。その上で相手の態度を見て判断すればいい。

　自分の言動を正当化したくなる、理不尽な感情を処理したいと思ったとき、筆者は「そう思った理由は何だろう？」と図に描いたり、相手と自分とのやりとりを思い返して書き出したりしている。すると行動と感情のタイムラグと、自分の言動をディスカウントされたと感じる出来事が必ず見付かる。直接相手に整理した結果を伝えられるとよいが、それが難しい場合は、嫌だと思った自分の感情を大切にしつつ、どうしたらよいかを考えてみるとよいだろう。

セールスなどの勧誘によく声を掛けられる

対策
- 理由を告げずに断る
- 約束した以外の人物が現れたら席を立っても構わない

事例

久しぶりに連絡が来たと思ったのに……

ある日中学時代の同級生から、「今度近くまで行く予定があるから、久しぶりに会いたい」と連絡があり、会う約束をした。すると、同級生は「ぜひ引き合わせたいと思って」と年配の女性を連れてやって来た。

「なぜ、この場にそんな人を連れてくるんだ?」と不審に思っていると、同級生が「今度独立して事業を立ち上げようと考えていて、この人はそのビジネスのアドバイスをしてくれているんだ」と紹介した。その女性は、「はじめまして」と名刺を渡してきた。

「それで、同級生のよしみでこの商品を買ってほしいんだ」といろいろな商品を出してきたが、「力になれなくて悪いけど、必要ないから」と断ったところ、「何だよ！友達が困っているのに助けてくれないのか」と怒鳴られてしまい、いたたまれない雰囲気をどうにかしたくて一番安いものを購入してしまった。

原因

この場をどうにかしたいという気持ちを利用される

発達障害というとコミュニケーションの問題ばかりが注目されるが、意外と見落とされがちなのが、「勧誘に声を掛けられて、そのまま断りきれずに、気が付いたらセールスや新興宗教の世界にハマっていた」「半ば詐欺のような人間関係に陥っているが、抜けられなくなった」といったケースだ。

発達障害関係でも、社会性向上

のためにSST（Social Skill Training）というコミュニケーション支援をすることがある。しかし、世の中はより多彩かつ複雑で、このトレーニングで対応できることだけでは到底追い着かない。代表例が訪問販売や宗教の勧誘だ。「では、断り方も教えれば」と言う人もいるが、当然相手も勧誘のプロなので、断られても対応するためのさまざまなマニュアルやトレーニングがあるし、年々巧妙化している。小手先の技術ではとても太刀打ちできないことをまず理解しよう。

発達障害、特にADHD傾向がある人は、**社交的で人当たりがいい人が多い**。そのため楽しそうな勧誘に乗せられてそのまま入っていく、という場合がある。また、ASD傾向がある人は宗教といったわかりやすく、かつ絶対的なルール（戒律）がある世界は日常生活よりわかりやすくて、い

Column

情報の取捨選択

本書でも「必要な情報を見極めて」と書いているが、「それができたら苦労しない！」と思った人もいるだろう。しかし、自分に合ったものかどうかは当人にしかわからないのも事実だ。一方で過日話題になった医療情報のまとめサイトのような話もあり、治療について切実な情報を求めている人に正確な情報が届くよう、書き手だけでなく読み手側の姿勢も問われてきている。

情報は、大きく次のものに分けられる。

①期限付きの情報（今日の天気予報など、多くの人にとってそれが過ぎたら不要になるもの）
②生活を送る上で前提となるもの（政治・社会・経済・医療・教育・福祉・宗教に関すること）
③ライフスタイルや習慣、マナーなど（必要だが、ライフスタイルによって何が重視するかは千差万別）
④趣味や娯楽に関するもの（必要かどうかは人それぞれ）

中でも①は情報のスピードが求められ、②に関することは正確な情報であることが求められる。そのため、できたら詳しい人が情報提供者かどうかを確認することが重要だ。ネット情報だとスピードは速いが、正確さの検証に問題が出ることが多い。そのため読み手も「どのような人が書いているのか？」「どのような根拠に基づいているのか？」を意識する必要がある。

③については流行の変化や地域によって適切な行動が変化する。相手を尊重した行為のつもりが思わぬ誤解を招く場合もあり、情報発信者の立場や時期などを考慮する姿勢は大切だ。

④についても情報が古いと店舗の移転や廃業、サービスの変更などがあるとせっかく出かけても空振りになる場合がある。スポーツでもルール変更は頻繁にあるから要注意だ。

新聞社や出版社には内容の正確さや文章の読みやすさなどを確認する校正部門があり、報道や出版する前はもちろんだが、報道や出版したあとも検証している。

しかし、最近このような検証作業がされないものが一般の記事の体裁で出てくるようになったことに加えて、SNSなどでも見たくない内容の広告が表示されることも増えた。受け手である読者からも倫理的、道義的責任について指摘する、特定の企業や団体の利益誘導になっていないか監視する、公正な報道をする人を支援するということも必要だ。

どんな情報でも報道する側の主観は免れないし、こちらのニーズも主観的になるのは避けられない。しかし、今までのような報道する側や文章を書く側からの一方通行な情報提供や情報検証ばかりではなく、今後は相互的、相補的に情報の質を高め、検証していく姿勢が問われるだろう。

メモの一例

> 私○○は△△様が販売する商品を買う気はありません。
>
> ○○年△月×日
> ○○屋××店にて

ったん入信するとのめり込みやすいという側面もある。

この手の勧誘は正体を隠して近付いてくるので、よほど勘が鋭い人、もしくはその手のことに心底興味がない人以外は、まず相手の土俵に乗ってしまう。それ以外の人は仕組みを理解して、相手が付け入る隙を与えないようにすることしか対策がないし、大切な人がそこに深く巻き込まれた場合は、抜け出すには原則専門家の手が必要だ。

さらに、事を難しくするのが、彼らが目的を隠して近寄ってくるため、本当に親切な人や支援してくれる人と区別が付かず、結果として本質的な解決を遠ざけてしまう側面を持っていることだ。自分を守るためにも、「残念ながら世の中には相手の好意を利用してでも利益を得たいと思う人はいるし、大半の人は簡単にだまされる。仕組みを知っておくことはとても大切だ」と頭に入れておこう。

解決法 理由を告げずに断る

人はつい相手を傷つけないように、「申し訳ないけど」「家族が反対するから」と断る際理由を付けたくなる。これは、実は自分も傷つかないためなのだが、勧誘をしてくる人は理由を告げる＝悪いと思っている感情をうまく利用する。なので、**感情や理由を交えずに「私はいらない」と言ったほうがよい**。このケースでも、同級生が怒鳴ったのは（これも実は先方の作戦なのだが）、「力になれなくて悪いけど」という理由付けがあったからだ。

しつこく食い下がってくる場合もあるが、訪問販売では断る意志を明確にしている相手に対して、さらにセールスするのを法律で禁止している。そのため、「こちらは断っていますよね」と明言する、上図のようにメモでもいいから断る意志を書いて（できたら日付と場所も書く）こちらが作りたい場のルールを明示し、相手が巻き込もうとする場のルールをあえて壊すという対策をすることが重要だ。

突然の連絡には要注意

ビジネスや宗教の勧誘の特徴として、「長年疎遠にしていた人から突然連絡がきた」という場合が多い。もちろん損得勘定抜きで、単に会いたくて連絡をくれるケースもあるから突然の連絡すべてが勧誘ではない（だからこそ区別が難しい）が、勧誘以外の場合は具体的な内容（どんな話をしたいか）や近況（職業や勤務先）を相手から明示してくることが多い。

勧誘かどうか区別するのが難しい、あるいは一人で会うのに気が進まないのなら、「せっかくだから他の同級生にも声を掛けて一緒に会おうよ」と答える、「疑いたくはないけれど、以前他の人から久しぶりに連絡がきて、会ったら勧誘されてとても嫌だった。その手の勧誘をするなら行かない」と**あらかじめこちらの意向を伝えてみよう**。勧誘の場合、自分のペースで事を運びたいため、勧誘する人は原則一人ずつにするし、キッパリ断ってくる相手は勧誘に応じてもらえないからターゲットの対象外になる確率が高くなる。

理由なく約束した以外の人物が現れたら席を立っても構わない

無断で先輩格の人を連れてきて一緒に誘う、友人知人が泣きついたり怒ったりしてこちらの感情をかき乱してきたあとに、その人がなだめ役に回って「何とかなりませんか？」といった情に訴えるというのは、この手の勧誘ではよくあるパターンだ。

実は、筆者も大学生の頃、小学校時代に親しくしていた同級生から誘いがあり久しぶりに会ったら宗教の勧誘だったことがある。このときも同級生は先輩格の人を無断で連れてきたが、後日宗教の勧誘に関する注意喚起のパンフレットを読んだら、複数で勧誘したほうが次のステップ（セミナーや勉強会の参加）につながりやすく、少し年上の人を連れてくることで怪しげな印象を減らそうという意図もあることを知った。そもそも久しぶりに会う場面で第三者を連れてくるのなら、事前に知らせて相手の許可を得るのが常識だろう。

実際、こちらは友人との久々の再会を懐かしんでいろいろ話したいと思っていたところに無断で知らない人を連れて来られ、おまけにまったく興味のない勧誘をされてかなり気分を害されたし、それほど大切に思われていなかったのか……という気持ちになった。

こうしたときには、**話の途中でも席を立って自分の分だけの勘定を支払って出ていって構わない**（自分の飲み物代を支払うのは、レシートをもらっておけば、いざというときに会った証拠になるため）。日本では「場の雰囲気を悪くしない」ことを強調されがちだが、それを悪用してくる相手に対しては身を守る術を身に付けることも重要だろう。

セールス対応でのポイント

「呪い」の言葉を言う相手には要警戒

「これが売れないととても困ってしまうんです」「今買わないと損ですよ！」「この宗教に入らないと大変な災難に遭います」――すべて筆者がこの手の勧誘の際言われたことだ。このようなことを言われると大半の人は冷静になれず、「どうしよう？」と感情を揺さぶられ、あたふたする。

筆者は、言葉や観念で「これをしないと不幸な結果を招く」と相手を精神的に追い詰めて自分の思い通りに他人を動かそうとするのは、**一種の「呪い」のようなもの**だと考えている。

自分の中のもやもやした感情や、どこか居心地の悪いような感覚があるとしたら、それは相手が「呪い」をかけようとしている、と思ったほうがよいだろう。ただ、難しいのは、自分の中にも「呪い」があり、相手が正しいことを言っても自分が引き受けられる心境ではないときは同様の感覚に陥ることだ。特に自責の念を強く感じやすい人ほど、相手が悪くても自分のせいだと思ってしまいがちな傾向があるし、反対に他責の念を強く感じやすい人ほど自分が悪くても相手が悪いと思いがちなので、整理してみることが重要だ。

このようなことを言われたら、**心の中で言い換えるか言い返してみる**と冷静になれる。たとえば、

- 「これが売れないととても困ってしまうんです」↓もちろん大変だとは思うが、久しぶりに会った人にそう言われてもこっちも困る
- 「今買わないと損ですよ！」↓どんなによいものでも自分にとって必要なものではないから買わないのが一番の節約
- 「この宗教に入らないと大変な災難に遭います」↓災難が起こらないに越したことはないが、そんなに大変な災難ならより多くの人を救えるよう、私よりももっと力のある人を勧誘したほうがよいのでは？

という感じだ。その場では切り返せなくても、何度か繰り返して練習していくうちに「呪い」の正体が見えてくるようになる。それは思い込みや理想、常識といったものや、そこからかけ離れた自分への劣等感や罪悪感だ。

なので、苦しくなったり冷静さを欠きそうになったりしたら、「ちょっと待て」とまず思考が混乱しかけているのをストップさせ、本来の感覚を取り戻すことが大切だ。そして、その作業を応援してくれる人が本当の意味での友達だと筆者は考えている。

上手に相談ができない

対策

- まず悩みを書き出し、優先順位を決める
- 自分で解決法を調べられることは自分で調べてみる

事例

「困ったらいつでも相談して」と言っていたのに……

「同い年のいとこの結婚式が決まったからぜひ出席してね」と連絡がきたが、まず何をすればいいのか全然わからない。

よく考えれば、今までは学生でお祝いなどを出したこともなかったし、まだ友人で結婚式を挙げた人もいない。

母にも聞いてみたが、「レストラン・ウエディングだからあまりおおげさにしないでって言われたわよ。まだ独身だからご祝儀はいいんじゃない？」という返事で一向に要領を得ない。

そこで、就職時に「困ったらいつでも相談してね」と言ってくれた年上のいとこのことを思い出して電話をかけてみた。

最初のうちは熱心に聞いてくれていろいろアドバイスしてくれたが、途中から「確かに『いつでも相談してね』と言ったかもしれないけれど、こんな夜遅くに電話しないで。こっちだって忙しいんだから」と怒られてしまった。

結局、聞きたいこともわからないままになってしまったし、他に相談できる人も思い付かない。そういえば、今までも相談していると次第に相手がイライラしてきて先方が怒ったりムスッと黙り込んだりしてしまうか、こちらがその雰囲気に耐えられなくなって、「もういいです」と言って終わりにするという状況が多かった。

相談のとき、聞きたいことをうまく聞き出して必要な情報を教えてもらうには、どうすればいいのだろう。

原因　相談する前の準備不足と相談相手に負担のない情報選択ができない

以前、発達障害関係の掲示板を運営していた際、定期的に「相談のための相談」が書き込まれていた。「え？　相談するための相談？」と混乱する人もいるかもしれないが、公的機関や専門家に相談するには、「いつ」「どこで」「誰に」「何を」「どのように」相談するとよいかを事前に整理しないと、必要な支援までたどり着けないし、たどり着けたとしても時間やお金、エネルギーが余計にかかってしまう。

これは相談全般にいえることで、実は誰かに相談するには自己観察力（自分を客観視する力）と相談能力が問われる。自己観察力は自分の状況を観察して相談項目を選定する、いわば自己とコミュニケーションする能力で、相談能力＝適切な他者に相談することをまとめて話す、いわば他者とコミュニケーションする能力と考えるといいだろう。

ASDはそもそもコミュニケーションの障害なので、この**相談するのに必要な情報を洗い出すことが苦手**だし、ADHDの場合、相談するのが必要だとわかっていても、情報を整理する、優先順位を付けるという**相談するための準備段階でつまずきやすい**傾向がある。

事例の場合、相談相手の年上のいとこに甘えすぎて、何から何まで聞こうとして事前の相談準備が不足した可能性が高い。また、相手は仕事や家庭で多忙になり、いつでも電話に対応できるわけではなくなったといった状況の変化を頭では理解していても、どうしたらいいかまでは考え付かなかったのかもしれない。

また、相談は相手から現状に即したアドバイスはもらえても、「相談すれば自分の悩みをすべて理解してもらえる」「相手の言う通りにしたら必ず自分の思い通りの結果になる」保証はどこにもない。その前提を理解した上で、「現時点でわかる範囲で他人の手を借りてベストな答えを探す」という切替えが必要だろう。

特に冠婚葬祭は、家庭や地域、時代の事情を加味する必要があるため、相談して回答を得たとしても、それがベストな答えとは限らない。相手もよくわからないことをあれこれしつこく聞かれて困ってしまい、結局「そんなことわかるわけないでしょ！」と怒り出したのかもしれない。

相談するには準備が必要という前提を頭に入れ、具体的な作業に取り組んでみることから始めてみよう。

解決法 まず悩みを書き出し、優先順位を決める

相談するにはまず、**何について悩んでいるのか、どうしたいのかを書き出して考えてみよう**（次ページ参照）。たとえば、事例では「いとこの結婚式に何を準備したらいいかわからない」というテーマだから、一番上にそれを書き出す。

次に、過去に結婚式に出たとき、親や周囲の大人たちが何をしていたかを思い出してみよう。「そういえば母は着物をレンタルしていたっけ」「父は白いネクタイをしていたな」「母たちは髪のセットと着付けで美容院へ行ったかも」「『ご祝儀はいくらにしようか？』と話していたな」「前日に親戚のところへ泊まったっけ」とキーワードが出てくる。

- ネクタイ、着物、美容院↓服装（服装、靴、持ち物、髪型）
- お金↓お祝い（ご祝儀を用意する？代わりに何か渡す？）
- 式の前後のこと↓スケジュール関係（式の前後に親戚で集まるのか？）

と書いていこう。

ここから自分で、ネットなどで調べたらある程度わかること、親や親戚に聞いたほうがいいことを分けてみよう。

ネットなどでわかることは自分で調べてみる

次に、**ネットなどで調べたらわかりそうなことを自分で調べてみよう**。事例の場合、キーワードは「レストラン・ウエディング」に「独身親族」という立場で出席する状況だ。このキーワードだけで調べても大量の情報が出てくる。

どこを見たらいいか迷ってしまいそうだが、先に書き出した、服装や持ち物、お祝いからまずチェックしよう。するとレストラン・ウエディングの場合、ホテルでの挙式よりはカジュアルな雰囲気だが、だからといって普段着では失礼だということがわかってくる。当日着ていく服や靴などで買い足したり借りたりしたほうがよいものは、自分である程度決められるから、予算と期限を決めて準備できる。このように**自分で調べて行動できることと、他人に確認したほうがよいこととを区別**しよう。

お祝いは原則として独身親族は親が出すので不要だが、特にその家族と親しい付き合いがある場合は、個人でプレゼントなどを準備することもある、という情報も調べたら出てくるだろう。

ここまで調べてみてから、「自分でも調べたら独身親族はご祝儀はいらないらしいけれど、仲がいいから個人的にプレゼントを贈ったほうがいいかな？」「休暇を取る必要があるけど、式の前後に親

悩みを書き出してみる

何を準備するといい？

親たちがしていたこと	カテゴリー	調べ方
・着物を用意（母） ・式服を用意（父） ・美容院予約 〈着付け、ヘアセット（母）〉 ・よそいきの服（自分）	服装 （レストラン・ウエディング向け）	ネットで調べてみる ↓ 買うものやレンタルするものをリストアップ ※予算も考える
お金を用意してご祝儀袋に包んでいた	お祝い ・ご祝儀？ ・プレゼント？	ネットで相場を調べる →親に相談
前日他の親族たちと温泉に泊まった	スケジュール （親戚で集まる？）	親に確認 （休暇を取ることも考える）

戚で集まる予定が入りそう？」といった相談を親や親戚に持ちかけてみると、具体的な回答を得やすくなる。

相談業務でも、まず何がわからないのか、どこまで知っているのかを担当者が探るのと、ある程度相手が準備して聞きたいことをまとめておいてくれた場合とでは、適切な話がしやすいのは圧倒的に後者だ。さらに、予算などの判断基準があれば、より伝えられる情報の精度が増す。つまり、アドバイスしてくれる相手に聞かれてある程度答えられる情報をこちらも持っているかどうかが大きなポイントになるといえよう。

相談相手にふさわしい人、ふさわしくない人

今まで述べてきたように、相談内容によって相手を選ぶ必要がある。相手も人の子なので残念ながら不得意分野がある。知らない、あるいは詳しくないことを聞かれても、「それは知らない」「わからない」という答えが出るのは当然だ。

ただ、気を付けるべきなのは相談内容もさることながら、相談相手が必要もないのにこちらのプライバシーを他人に伝えたり、相談状況や情報を悪用したりしないかどうかということだ。最初は親切に相談に乗るような体裁でも、こちらの弱みに付け入るような人なら、その人は相談相手としてふさわしくないだろう。

では、どういう人が相談相手に適しているのかといえば、次ページに挙げるような人だと筆者は考えている。

距離を置くというと冷たいイメージを持たれるかもしれないが、心的距離が近すぎても相談はうまく機能しない。付かず離れず、かつお互い率直に情報交換ができる関係ができるか（特に自分の本質的な悩みを話す相手であればあるほどそれが求められる）が大事だが、距離感というのは感覚的なものだけに、発達障害とりわけASD傾向が強い人はこれをつかみにくいため、近付きすぎたり距離を置きすぎたりしてしまう。ADHD傾向が強い人だと、この距離感のコントロールが難しく、注意が続かなくなってしまう。

距離感のコントロールの練習はサポートしてくれる人がいたほうがよいため、**最初は相談内容と相談相手のマッチングができること**を優先させよう。

思った通りの結果にならなくても相手の労に感謝する

先にも述べたが、相談すれば悩みがすべて解決するわけではない。いわれれば誰しも理解するが、相談に慣れていない人ほど相

談への期待度が高く、思い通りの結果にならないことへの不満を強く感じやすい傾向がある。

　しかし、逆に自分が詳しい分野のことを相談されたとしたら、相手が簡単に感じていることでも「そんなに簡単じゃないよ」と言いたくなることもあるだろうし、ネットで調べてもわからないことなら1回で解決することはほとんどないはずだ。

　これは相手の態度についてのみならず、自分の言動においても「いつも親切にしているからこのくらい助けてくれるだろう」「これだけ努力しているから、よい結果になるはず」といった差し引き計算はトラブルにつながりやすい。つい人は自分については過大評価して、無意識のうちに「自分だけは例外」となりがちだが、こと対人関係においては、**「それはそれ、これはこれ」と独立したもの**として考えたほうがあとを引きずらない。もちろん許せない気持ちになったら「許せない」と思うのは大事だが、「だからこちらも」という発想だとお互い非難合戦に終始する結果になる。

　「今までもやっていたよ」と思った人もいるかもしれないが、それならそう思っていることを実際の行動にどうつなげるとよりよくなるかを考えるといいだろう。

相談相手に適している人

- こちらの話をうまく要約し、時により伝わりやすい形で言い換えてくれる
- わからないことはわからないと正直に言ってくれる
- 情報を知っている人や場所のヒントをくれる
- 違う視点でより本質的な問題解決に近いポイントを伝えてくれる
- 相談してくる人と適切な距離を置ける

恋人ができない

対策

- ○まずは、なぜ恋人がほしいのかを考えてみる
- ○人とやりとりする機会を多く作る
- ○性について正しい知識を得ておく

事例　恋人との付き合いに憧れているけれど……

友人知人に少しずつ恋人ができたり、中には結婚する人が出てきたりすることもあってか、以前ほど集まる機会がなくなってきた。

普段は仕事が忙しいこともあってほとんど気にならないが、年末年始や夏休みなど仕事がない時期に「久しぶりに会わない？」と声を掛けても、「ごめん、恋人と出かける」「家族でゆっくりしようと思って」と断られてしまい、一人だということを実感すると「恋人がいれば……」と寂しくなる。

今までは恋愛や結婚に対して正直面倒という気持ちにしかなれず、働き続けられれば独身のほうが気楽でいいと思っていたが、「このままでいいのか？」「病気などで動けなくなったとき、誰に頼ればいいんだろう？」と不安に思うようになってきた。

これまでも心惹かれて告白しようかな、と思った人はいたが「何て話したらいいのだろう？」「断られたらどうしよう？」と二の足を踏んでしまい、恋愛はおろか、用件以外の会話もほとんどできなかった。そもそも雑談が苦手だし、友人知人も趣味を通して知り合ったこともあってか、自分同様マイペースで、そこから恋愛関係が広がっていく気配はない。仕事関係もほぼ全員既婚者かパートナーがいて、そこでの出会いの機会は難しい。

今の生活ペースをほとんど変えないで付き合える恋人がいればもっと楽しくなるのに……と感じてしまうが、虫のいい話だろうか。

原因　恋愛への憧れや不安と現実との折り合いが付いていない

　発達障害関係の掲示板やネット情報を見ると、定期的に恋愛や結婚に関する話題が登場する。それだけ多くの人が関心を持っているテーマであり、恋愛や結婚を機に発達障害ならではの特性が顕在化するので、本人も周囲の人も悩んだり戸惑ったりするのだろう。

　もちろん発達障害の傾向や特性があっても、幸せな恋愛や結婚をしている人はたくさんいる。では、「うまくいく秘訣は何か？」と問われたら、恋愛や結婚に対して過度の期待を持たないこと、恋愛や結婚には当然デメリットもあることを認識しつつ、それを上回るメリットを相手と共有できるよう努力・実行しているかどうかだと筆者はさまざまなカップルに出会った経験から感じている。

　ASD傾向が強い人の場合、一人で過ごす時間が減ることが苦痛なことがあり、結婚していても個室にこもったり趣味に没頭したりする時間やお金がある程度必要というケースが多い。そのため、**パートナーや家族に対して必要最低限の関わりで済ませようとする**ので相手が悩んだり不満を持ったりするが、本人はそれで困っていない、あるいは余裕がないため改善に取り組むのに支援が必要な場合がある。

　ADHD傾向が強い人の場合は、恋人と過ごす時間を作ったりお互いのスケジュールを調整したりすることや同居後は住まいを片付ける、お金を管理するといった今まで述べてきたような時間、物、お金の管理といった**パートナーとともに過ごすための環境を整えることが苦手**なケースが多い。

　恋愛や結婚は自分の視野を広げたり、新しい関係を通して自分を高めたりできるチャンスでもある。だからこそ、相手との関係を丁寧に築くよう自分の言動を把握する努力も必要だといえる。

解決法　なぜ恋人がほしいのかを考えてみる

　筆者が以前管理していた発達障害関係の掲示板では、なぜか恋愛や結婚について悩みを書く人は男性が圧倒的に多かった。おそらく「恋人がいて、できたら結婚してこそ社会的に信用できる（より責任ある仕事を任せられる）」という暗黙の了解が社会にあり、特に男性に対してそのプレッシャーが強いからだろう。

　一方、女性が恋人や結婚相手に求めるのは、感情的なつながりを前提にした上での経済的な問題や老後の生活を支え合う相手といった、よりリアリティのある問題で、失礼な表現かもしれないが社会的インフラに近い感覚なのかもしれない。

だが、それは大半の人が当然と考えている価値観を、そのまま自分の感覚として何の疑問も持たずに受け入れているだけなのかもしれない。確かにカップルで行動したほうがより楽しい時間を過ごせたり、より幅広い人間関係を作れたりする可能性は高い。一方で恋人と過ごすため、個人としての時間やお金はある程度削らざるを得ない。今まで自分の都合だけ考えていればよかったことも相手とやりとりする必要が出てくるだろう。

こうして考えてみると、恋人や結婚後家族としてパートナーと過ごすには付き合う相手との相性も大きく左右されることがわかるし、自分の言動が相手にどう映るかについても考慮が必要なことも見えてくる。

また、それと同時に、**なぜ恋人がほしいと思うのか、掘り下げてみる**ことも必要だろう。たとえば、「一人でいるのがつらい」という理由ならば、

- どんなときにそう感じるのか？
↓街でカップルを見かけたとき
- つらくなる理由は？↓自分に恋人がいないことでみじめな気持ちになるから
- 恋人がいない人は皆みじめなのか？↓一人でも楽しめていればいいと思う
- では、一人でも楽しめる何かがあれば恋人ではなくてもいい？
↓もしかしたらそうなのかもしれない

と考えを整理してみると、実は自分が求めているのは「恋人がいないことによるネガティブな感情の解消」だったことに気付く。これは、「セールスなどの勧誘によく声を掛けられる」の項でも触れた「呪い」の一種で、実は社会の価値観や常識も見方が変わると「呪い」に変化する可能性があることを示唆している。

よく考えれば、私たちは明らかにそれとわかる広告以外にも、「今話題のおいしいものですよ！」「この場所で恋人と過ごすってこんなに素敵ですよ！」という口コミや、「〇〇するのが常識」「これはマナー違反」といった情報にさらされて日常を送っている。

ＡＳＤ傾向が強い人は曖昧な状況が苦手で、特にルールやマナーについて「〇〇じゃないのはダメ」と極端になりがちだが、この手の情報は「それに越したことはない」「自分に合わなかったときはスルーしてもいい」と考えを書き換えることが大切だ。

自分にかかっていた思い込みや「呪い」が解けてくると、それをきっかけに物事が進むこともあるので、一度考えを整理してみると

いいだろう。

人とやりとりする機会を多く作ろう

「恋人がほしい」という悩みや相談をされたとき、筆者は「普段、人とどんなやりとりをしているの？」「どんな人と付き合いたいの？」と質問することにしている。

すると、会社（学校）と家の往復だけで、用事以外の会話をほとんどしていない人が意外と多い。できたら人と関わるような機会（趣味の集まりなど）を作るといいだろうが、中には仕事などに精一杯でそんな余裕がない人もいるだろう。

その場合、今の生活の中でできる範囲で、会話の際「ありがとう」「お願いします」といった**相手の言動に正のフィードバックをするような言葉をかける**ことから始めてみよう。「言っているよ」と思ったかもしれないが、それならより意識的に相手に伝わるような態度で（意外とこれが重要で、たとえばパソコン画面を見た状態でお礼を言っているとしたら、相手のほうに体を向けるようにする）といったことをしてみよう。

「面倒くさい」と思う人もいるかもしれないが、恋人と付き合っていくにはこの手の正のフィードバックをするといったマメさが欠かせない。「ありがとうと思っていることは黙っていてもわかるだろうから、そのくらい察してくれ」では残念ながら相手には意図が伝わらない可能性もある。

心理療法の1つである交流分析では、このような挨拶やお礼といった儀礼的なやりとりは最低限のコミュニケーションであり、相手の存在を認めるという意味があるとされている。つまり、他人とコミュニケーションの入り口になるものであり、これを疎かにしている場合、「あなたは私にとって取るに足らない人です」という非言語メッセージを送っている可能性がある。

よく見ているとモテる人はこの手の反応をとても自然にしているし、人と関わることを純粋に楽しんでいる。モテる人の域に達するのは無理だとしても、**人に正のフィードバックを送ることは案外心地いいと思える程度になる**ことを目指そう。

ネットやSNSの長所と短所

実は、筆者と夫もインターネット（彼が作ったホームページ）がきっかけで出会って結婚に至った。ネットのメリットは、それまでの社会なら出会うことはなかったであろう人同士を結び付けたこと、今までとは比較にならないほどの質と量の情報が瞬時にやりとりできるようになったことだろう。実際、ネットなしでは筆者も生活が成り立たないほどだし、発達障害者にとってネットはぜひ活用したいツールだ。

一方でネットならではのトラブルもつきもので、それまでならある程度相手の素性や背景を知った上で時間をかけてやりとりできていたことが、匿名で思い立ったらすぐネットに書き込めるようになったため、感情的な応酬や誤った情報もあっという間に広がることにもなった。

筆者が管理していた発達障害関係の掲示板でも、運営ルールを守らずトラブルを起こした人は残念ながらいて、書き込み禁止の対応をしたことがある。時には外部機関や関係者とメールだけでなく電話や対面で対処したこともあった。

そのような経験から実感しているのは、「ネット上ではいくらでも嘘がつけるし、経歴も簡単に詐称できる」「人は無意識に自分にとって不利な情報は隠す」「簡単にコミュニケーションできるし、対面では話せないようなことも話せるから親しい気分になるが、深いコミュニケーションを取るのは難しい」ということだ。

バーチャルで感じるものと肉体を通して感じる物事にはギャップがあるが、そのギャップを認識し、コントロールするには学習が必要だ。

もちろん大半の人は前提となるルールを守っているが、悪気のあるなしにかかわらず、その盲点を突いてくる人もいることは用心しておく必要がある。また、**ネットに書き込む＝全世界に向けて話しているのと一緒**だという認識も持ったほうがいい。ＳＮＳやグループチャット（掲示板もだが）だと、つい仲間内でワイワイやりとりしている感覚に陥りがちだが、デジタルコピーは簡単にできる。それを誰かが保管してメールで第三者に伝え、さらにその人が公開の場所へ貼り付けることもありうる。

対面で会おうという話になったら慎重さも必要だ。より親しくなるチャンスであるが、

- 最初は外で（お店やイベントなど、必ず第三者がいる場所で）
- 鉄道やバスなどの公共交通機関が動いている時間帯にする
- 複数人で会うようにする
- セキュリティ対策（スマホや財布などは肌身離さずに。飲食物もできるだけ店員から直接受け取り、トイレは食事の前後に）

くらいは意識しておきたい。

「セールスなどの勧誘によく声を掛けられる」の項も参考にしてほしい。

性について知っておいたほうがいいこと

性の話題はなかなか普段話しづ

らいが、ネットなどではかつてないほど性の情報が氾濫している。そして、女性の立場から見ると男性側の都合で書かれているものばかりで、「女性の心や体のことをもう少しわかってほしい」と思うことが多い。

一方で男性側からすると、いわゆるアダルトビデオのものや「いかに女性を口説くか」といった内容以外の情報は途端に少なくなるし、そもそも自分の体の仕組みについて知らないことが多い。最近はセクハラ被害の話題も多いから、うっかり相手を傷つけたらどうしようと思って何もできない、というのが正直なところだろう。

性の話は個人的な面が大きいため、許容範囲もさまざまだ。読者の中にはセクシャル・マイノリティの人もいるだろうし、組み合わせを考え始めたらそれこそ無限大になる。性は恋愛や結婚では切り離せない問題だし、お互いの性指向やどんな関係を作りたいかについてパートナー同士でオープンに話せるかどうかは今後とても重要になると筆者は考えている。

それでもあえていうなら、**性については専門家（性に詳しい医療や福祉関係者）が書いてある情報や本にまず目を通してほしい**ということだ。アダルトビデオのような恋愛や性は実生活ではまずありえないし、実行したらトラブルに発展する可能性が高いことは認識してほしい。

また、**性行為は、生殖行為の側面もある**ことを忘れないでほしい。避妊しなければ望まない妊娠をする可能性が高いことはもっと知られてもいいと筆者は考えている。今は低用量ピルやＩＵＳなど避妊効果99%以上の手段も出てきているが、これらは医師の処方が必要で、女性が婦人科を受診してはじめて利用できるものだ。つまり、よりよい性生活を送るにはお互いの健康面に関心を持てるかも大切なポイントになる。

そして、**性行為をする＝性感染症の可能性がある**ことも当たり前なのだが意外と認識されていない。性感染症も、ここ数年感染症専門家が危惧するほど件数が増えているため、基本的な予防策（手を洗う、コンドームを付けるなど）を知っておくことも重要だ。

その場になるとどうしても雰囲気で流されてしまうかもしれないが、今まで述べたような点を大切にするパートナーか、お互い指摘したり、話し合えたりする相手かどうかは大きな指標になるだろう。

このような話題に対して戸惑ったり面倒だと感じたりしたら、恋愛や結婚に対してリスクを引き受ける覚悟がないのかもしれないし、相手の不安に気付いていない可能性もある。

おわりに

今年で言語聴覚士として働き始めてちょうど20年になります。働き始めた当時は、発達障害は医療の世界でも本当に関心があるごく一部の人にだけ知られている、いわば「本当に熱心な人が奔走している分野」でした。

今や発達障害は支援法が施行され、相談現場でも保護者や保育園、幼稚園の先生たちから、「もしかしたら発達障害かな？　と思って……」と切り出されるほど世間に知られるようになりました。それでも「発達障害」という言葉が独り歩きして、「困った人たち」というレッテルばかりが増えている印象があります。当事者としてはかなり不本意な流れになっていますし、「困った人だから近付かないでおこう」となったら、それこそ発達障害は差別や排除の理由になってしまいます。

実は、一番困っているのは本人ですし、周囲の人も「本人が何に困っているのかよくわからないから困る」という発想の転換が必要です。相談現場でも、保護者や日頃接している機関の先生方に「こういう状況だからじゃないですかね？」「これが苦手なようだから、こんな感じでアプローチしてみるといいと思いますよ」と答えると、それまで曇っていた表情が一気に「そういうことだったのですね！」と明るくなり、「やってみます！」と足取りも軽く帰っていく姿を何度も見てきました。

成人への支援についてはずっと就労支援が先行していましたが、ここ5年から10年ほどでようやく生活支援の必要性についてもだんだん広まってきた印象があります。また、就労支援をして就職できても、継続するには下支えする生活面を整えることが重要だという認識が支援者側にも広がったこと、小児期から療育を受けた世代が増えて、その人たちが成人、就労するにあたって生活面のサポートについて家族からも要望の声が上がってきたことも理由だと思います。

しかし、小児のような支援システムがまだない分、当事者の自助努力がまだ求められる分野ですし、先行研究や事例報告もとても少ないです。成人の発達障害に詳しい専門家に尋ねても、「むしろ、それはあなたがやったほうがいいと思うよ」と言われたこともあり、「いずれ何らかの形で情報発信できたら」と考えていましたが、日々の暮らしに追われていてあと回しになっていました。
　そのようなこともあり、今回「発達障害の仕事に関する本を出したので、その続編として生活編を作りたい」と翔泳社の長谷川さんから声を掛けていただいたのは渡りに船でした。そうはいっても生活というのは千差万別ですし、発達障害はそもそも個人差も大きいだけに、どうしたらこちらの伝えたいニュアンスなどを限られた状況で表現できるか正直とても悩みました。また、こちらの事情で原稿を書く時間を取れない時期もあり、相当ハラハラされたと思います。改めて感謝したいと思います。
　最後に、いつも応援してくれている夫村上真雄にも感謝を伝えます。彼との暮らしも20年が経過していますが、当然多くの夫婦と同様、順風満帆とはいかず、何度も「離婚」の文字が頭をかすめたことがありました。彼のマイペースな言動や独創性は愛すべき面がある一方で、発達障害者ならではの脳内世界へすぐに旅立ってしまう特性から、三次元の世界とは相性が悪く、こちらも共同生活を送るための接点をいまだに探っている状況です。それでもお互い何とか助け合って暮らせているのは、「既存の夫婦の枠組みを超えて自分たちに合った夫婦生活を送る」という共通の目標のために彼なりの努力を続けてくれているからです。

　本書を手にした人の中にはまだ結婚なんてとてもイメージできない、という人もいるでしょうし、親元を離れて暮らすなんて自信を持てない、という人もいるでしょう。そんな人たちに、「そういうことだったのか！」「これならできるかも！」と思えるヒントが本書の中にあったらと考えています。三次元の世界は意識して行動した者勝ちです。その行動に向けて背中を押すことができたら幸いです。

２０１８年3月

村上由美

読者特典ダウンロードのご案内

本書の読者特典として、「家計簿集計表」「掃除計画表」「ラベルシール」をご提供いたします。

本書の読者特典を提供するWebサイトは次の通りです。

提供サイト

https://www.shoeisha.co.jp/book/present/9784798154138

ファイルをダウンロードする際には、SHOEISHA iDへの会員登録が必要です。詳しくは、Webサイトをご覧ください。

※コンテンツの配布は予告なく終了することがあります。あらかじめご了承ください。

本書内容に関するお問い合わせについて

このたびは翔泳社の書籍をお買い上げいただき、誠にありがとうございます。弊社では、読者の皆様からのお問い合わせに適切に対応させていただくため、以下のガイドラインへのご協力をお願い致しております。下記項目をお読みいただき、手順に従ってお問い合わせください。

●ご質問される前に

弊社 Web サイトの「正誤表」をご参照ください。これまでに判明した正誤や追加情報を掲載しています。

正誤表　https://www.shoeisha.co.jp/book/errata/

●ご質問方法

弊社 Web サイトの「刊行物 Q&A」をご利用ください。

刊行物 Q&A　https://www.shoeisha.co.jp/book/qa/

インターネットをご利用でない場合は、FAX または郵便にて、下記“翔泳社 愛読者サービスセンター”までお問い合わせください。電話でのご質問は、お受けしておりません。

●郵便物送付先および FAX 番号

送付先住所　〒 160-0006　東京都新宿区舟町 5
FAX 番号　03-5362-3818
宛先　(株)翔泳社 愛読者サービスセンター

●回答について

回答は、ご質問いただいた手段によってご返事申し上げます。ご質問の内容によっては、回答に数日ないしはそれ以上の期間を要する場合があります。

●ご質問に際してのご注意

本書の対象を越えるもの、記述個所を特定されないもの、また読者固有の環境に起因するご質問等にはお答えできませんので、予めご了承ください。

※本書に記載されている情報は、2018 年 2 月執筆時点のものです。
※本書に記載された商品やサービスの内容や価格、URL 等は変更される場合があります。
※本書の出版にあたっては正確な記述につとめましたが、著者や出版社などのいずれも、本書の内容に対してなんらかの保証をするものではなく、内容やサンプルに基づくいかなる運用結果に関してもいっさいの責任を負いません。
※ネットワークや情報機器を扱う方法につきましては、ご所属の団体のセキュリティポリシーに基づき担当者にご相談ください。

［著者プロフィール］
村上 由美（むらかみ ゆみ）
上智大学文学部心理学科、国立身体障害者リハビリテーションセンター（現・国立障害者リハビリテーションセンター）学院聴能言語専門職員養成課程卒業。
重症心身障害児施設や自治体などで発達障害児、肢体不自由児の言語聴覚療法や発達相談業務に従事。現在は、自治体の発育・発達相談業務のほか、音訳研修や発達障害関係の原稿執筆、講演などを行う。
著書に『声と話し方のトレーニング』（平凡社新書）、『アスペルガーの館』（講談社）、『ことばの発達が気になる子どもの相談室』（明石書店）、『仕事がしたい！　発達障害がある人の就労相談』（明石書店、共著）、『発達障害の人が活躍するためのヒント』（弘文堂、共著）がある。

装　丁・本文デザイン　小口翔平＋岩永香穂＋喜來詩織（tobufune）
イラスト　高村あゆみ
本文DTP・図版　一企画

ちょっとしたことでうまくいく
発達障害の人が上手に暮らすための本

2018年 3 月14日　初版第1刷発行
2023年 4 月10日　初版第8刷発行

著　者　村上 由美（むらかみ ゆみ）
発行人　佐々木 幹夫
発行所　株式会社 翔泳社（https://www.shoeisha.co.jp）
印刷・製本　日経印刷 株式会社

本書へのお問い合わせについては、159ページに記載の内容をお読みください。

造本には細心の注意を払っておりますが、万一、乱丁（ページの順序違い）や落丁（ページの抜け）がございましたら、お取り替えいたします。03-5362-3705までご連絡ください。

ISBN978-4-7981-5413-8　Printed in Japan